成功する開業医

院長夫人、あなたが期待されていること

鶴田幸之
Tsuruda Koji

中央経済社

この本を手に取ってくださった奥様へのメッセージ

あなたがこの本を手に取ってくださったということは、あなたがご主人の医院を手伝いたいと思ったからではないでしょうか？

きっとご主人のことが好きだから、「何か私にも手伝えることはないかな？」と思ったのだと思います。

たぶん、とても素敵なご主人なのでしょうね。

そして、そんなふうに想われているご主人は幸せですね。

そんな素敵なご夫婦に、私たちの体験したことが参考になればとっても嬉しいです。

お二人で力を合わせることで、よりよい医院経営ができますように。

著者の妻より

はじめに

「あなたはどんなタイプの院長夫人ですか?」

ドクターの奥様のあなたが、そう尋ねられたら何と答えますか?

「え? どんなタイプって……。そもそも他の院長夫人は、どうなのか知らないし、そんなこと今まで考えたことがありません」

という方がほとんどではないでしょうか?


そうですよね、他の院長夫人がどのように毎日を過ごされているかという情報はあまりなく、ほとんどの院長夫人はご自分のことしかわからないと思います。

自分自身のことしかわからず、家庭のこと、子育てのこと、お仕事のことについて、頑張ってはいても、「本当にこれでいいのかな?」と悩みながら毎日を過ごされているのではないでしょうか?


「院長夫人として毎日を活き活きと過ごせるよう、参考になるものがないかしら?」

と思って書店に行ってみても、院長先生向けの医院経営の本はたくさんあっても、院長夫人向けの医院経営の本はほとんど見かけないように思います。

ところで、医療関連の業者さん（医薬品の卸会社、医療機器の卸会社）が主催している院長夫人向けの勉強会もあるようです。どんなことでも、勉強しないよりは勉強したほうがいいに決まっていますから、こうした勉強会に参加されるのもよいでしょう。しかしこうした勉強会はどちらかというと、税金や労務のハウツーを教えている場合が多く、参加者の院長夫人同士がよほど仲良くならない限り、ご主人が経営する医院に他の院長夫人がどのように関わっているのか、他の院長夫人のご主人や子供との関係や家庭環境がどうなっているのかという情報に触れる機会はほとんどないと思います。


「税金の仕組みはどうなっているの？」

「労務関係の法律はどうなっているの？」

そういったことにも興味はあるかと思いますが、

「子供は何年生から塾に通わせているのかしら？」

「医院のお仕事をどんなふうに手伝っているのかしら？」

「医院のスタッフにどう接しているのかしら？」

「ご主人やお姑さんとは仲がいいのかしら？」

などなど、あなたが本当に知りたいことは、他の院長夫人のかなりプライベートなことではないでしょうか？


医院の顧問税理士として私が奥様とお会いする際に、

「最近なにか気になっていることや質問したいことはありますか？」

と尋ねると、

「いえ、特にないのですが、他の院長夫人はどのように医院に関わっていらっしゃるんですか？」という質問をよく受けます。

なるほど、院長夫人という一般的には特殊な立場にいらっしゃる方同士が、お互いに情報交換をし合える機会がほとんどないことを考えますと、「他の院長夫人のことを知りたい」というのはとてもよくわかるような気がします。


医院経営で一番のキーマンは院長先生ですが、二番目のキーマンは院長夫人です。

これは私が常々考えていたことです。院長夫人の関わり方次第で医院が良くなったり悪くなったりするケースを、私はこれまでたくさん見てきました。そして、院長夫人の関わり方が、医院経営に大きな影響を与えるというのが、私の持論となりました。私はこの持論を世に問いかけることは、それなりに意味があることだと考えています。

医院にどのように関わっていけばよいのかわからない、という院長夫人は多くいらっしゃいます。

私は、医院専門の税理士として医院経営に関わり続け、これまでに100件以上の医院の院長先生とお会いしました。そしてその院長先生とほぼ同じだけの数の院長夫人とお会いしてきました。中にはとても個性的な院長夫人が数多くいらっしゃいます。私はそんな魅力的な院長夫人たちの姿を、「本当にこれでいいのかな？」と日々悶々とお悩みのあなたにご紹介したいと思い、この本を執筆することにしました。

院長夫人とは「院長の妻」という立場に過ぎません。しかし、「院長の妻」という立場はみな一緒だとしても、生き方は人それぞれだと思います。どんな院長夫人が良くてどんな院長夫人が悪いと思うのかも人それぞれです。「こうしたほうがいい」などと断言することは当然できませんが、あなたが理想の院長夫人像とはどのようなものかを考え、そこにほんのちょっとでも近づくためのヒントとなるように、この本ではなるべくたくさんの院長夫人を紹介しています。

「この人には親近感を感じるなぁ」
「この人と私はタイプが違うなぁ」
「こんな人がいるんだなぁ」
「勇気が出るなぁ」

などなど、いろいろなことを考えながら読み進めていただければ嬉しいです。さまざまな院長夫人の姿に触れることによって自然と、今現在の自分自身のことが客観的にわかってくるかもしれません。

「こんな院長夫人がいるんだ！　じゃあ私もそうしてみようかな？」
「このくらいのお手伝いだったら私にもできそうだな」

などなど、あなた自身のこれからの生き方のヒントになれば幸いです。

この本の執筆目的は、今のあなたが「いかに優れた院長夫人であるか」を確認することではなく、紹介事例やエピソードを踏まえ、あなたが「明日から何に取り組むか」についてのヒントを得ることです。
またこの本は、まずは院長夫人のあなたのために、そしてその次に、あなたのご主人である院長先生のために書いたつもりです。あなたが読み終わったらご主人に、ぜひこの本の内容とご自分の感想を伝えて欲しいと思います。

ほとんどの院長夫人が医院にどう関わったらよいのかわからないのと同じように、ほとんどの院長先生も院長夫人に医院にどう関わって欲しいのか、実はわかっていないと思います。

本書を読み終わった後に、自分達に一番ぴったり合う夫婦での医院経営像について、ぜひ話し合いをなさって下さい。そうして、医院経営に関するご夫婦の会話が増え、自分が目指す院長夫人像について、ほんの少しでも考えが前に進んだとしたら、著者としてとても嬉しいです。

開業した院長先生にはゼロから医院を立ち上げたご苦労が、事業承継をした院長先生にはすでにできあがった医院を引き継ぐご苦労がおありだったでしょう。そしてそれを陰で支えた院長夫人お一人おひとりにも、他の誰にも話すことのできない、大変なご苦労をされたストーリーが存在します。

そんな誰にも話せない苦労をなさった経験を、医院の身近な相談者である顧問税理士の私は理解してさしあげたいですし、そのご苦労を他の院長夫人と共有することによって、

「なぁんだ、悩んでるのは自分だけじゃないんだ！」

「私よりもっと苦しい経験を乗り越えた、すごい院長夫人がいるんだ！」

と院長夫人のあなたに勇気を与えてさしあげたいと思いました。

本書では、たくさんの院長夫人をご紹介します。きっと、ご自分のロールモデルが見つかるはずです。どのような院長夫人に出会えるかを楽しみに、読み進めていただければ幸いです。

それでは、はじまりはじまり。

２０２１年8月

鶴田　幸之

もくじ

成功する開業医　院長夫人、あなたが期待されていること

第Ⅱ章
院長夫人が「格好いい女性」に見えた瞬間 —— 43

第Ⅲ章
私が感じた院長夫人特有のプレッシャー ―― 79

第Ⅴ章 院長夫人ができる医院の業績アップ法

第Ⅵ章

私の経験を通じてみなさまにお伝えしたいこと――205

付録

第Ⅰ章

一般の人が持つ院長夫人に対する勝手なイメージ

この章では、世間一般の人たちの目に、院長夫人がどのように映っているのかについて触れてみたいと思います。決してあなたに悪気はなくても、院長夫人は周りの人からの嫉妬や誤解を受けやすい立場なのです。嫉妬や誤解を受けやすいという事実を積極的に受け容れることによって「じゃあどうしようか？」と次のステップに考えが進むと思います。

私の生い立ち

まず本題に入る前に、私自身の生い立ちを少しだけお話しようと思います。どうしてかと言いますと、かつて私がイメージしていた院長夫人像が、ごくごく世間一般の人たちが考える典型的な院長夫人像だと思うからです。

おそらくあなたの医院に勤めている医療スタッフや、出入りしている医療関連の業者さん、そしてご近所さんたちの大半も、以前私がイメージしていたような院長夫人像を持っていて、何の悪気もなくあなたに接していると思います。

そして残念なことに、その一般の人が勝手に持つ院長夫人のイメージは、あなたにとってはとても迷惑なものだということを知っておくことは、それなりに意味のあることだと思うのです。

実は私の祖父の出生の詳細はわかっていません。祖父がどこで生まれ、どんな環境のもとで育ったのかについてはわからないのです。唯一わかっているのは、祖父がとても幼いころから働きだしたということだけです。

祖父は無口な人で、87歳でこの世を去るまで、自分の両親のことや生まれた実家のことは一生涯、家族にすら話さなかったそうです。祖父は自分の生い立ちについては家族の誰にも話さずじまいでした。私の父も親戚も祖父がどのような両親のもとに生まれ、どんな少年時代を過ごしたのかほとんど知らないそうです。おそらく、つらい思い出が多いので、家族も聞いてはいけないような気がしたのでしょうね。

そんな祖父の長男として生まれた私の父は、家が貧しいため高校を中退して地元佐賀県の工場に就職し定年まで勤めました。私の母はパートで働いて家計を支えてくれました。

父と母は私たち三人兄弟を懸命に育ててくれました。私は決して裕福ではなかったけれど、笑いの絶えない温かい家庭で育ててもらいました。

（本当のことはわかりませんが）私が育った家庭は子供心ながら、経済的には平均よりほんのちょっと下くらいだったように自分自身は感じていました。私は高校三年生のころ、進路を決める際、自分の偏差値ではとても合格できないレベルの東京の私立大学に進学したいと密かに願っていましたが、両親になかなか言い出せませんでした。そもそも志望する大学に現役で合格できる可能性は低かったですし（高校三年生のときの私の偏差値が35であったのに対して、行きたかった大学の偏差値は65くらいありました）、仮にもし合格できたとしても、私立大学なので学費が高く、経済的な理由で反対されるかもしれないと思っていたからです。しかし勇気を出してそれを告げると、両親は私の受験を快く応援してくれました。

運良くなんとか志望する大学に入ることができ、卒業した後、途中いろいろありましたが、私は12年間の税理士試験を経て、37歳のとき、ようやく税理士試験に合格し、医院専門の税理士となりました。その後40歳で独立して自分の税理士事務所を開き、53歳の現在はスタッフ数十名の税理士事務所を経営しています。

税理士という職業

今、私は日々、「税理士という職業はとても変わった職業だなぁ」と感じています。税理士は毎日毎日税金の計算だけをやっているかというと実はそうではなく、医院の経営状況のご報告をする際、顧問先様の「決して人には言えない悩み」についてたくさんの相談を受けます。台所事情までさらけ出しておつきあいすることになる関係性からでしょうか。

「最近ヤル気が出ない……」

「子供の将来がとても不安で……」

「スタッフ間でいじめがあるようなんです……」

などなど。

「なんかカウンセラーみたいだな?」

と思うこともしょっちゅうです。こうした悩み事は、ご本人にとってはとても重要なことなのですが、私たち税理士の立場から言わせていただくと、どの悩み事も「実はよくあること」です。そんなとき、

「みんな一緒ですよ。ちなみに私もそうです（笑）」

と言ってあげると、それだけで表情はパッと明るくなり、悩み事の半分は消えていくように思います。

「あれ？　そうなの?」

「今まで自分だけが不幸だと思っていたけど、な―んだ、みんな一緒なんだ！」

といった感じでしょうか。それから、

「ある方は○○という方法をとられましたよ、そして数年後の今はこうなっています」

「別の方は△△という方法をとられましたよ、そして数年後は……」

「ある方は今でもひたすら我慢し続けています。その結果……」

といくつか過去に遭った事例を紹介し、

「あなたはどの方法をとりますか?」

と尋ねると、お客様の頭の中でどうするべきかの結論は、すでに出ているように感じます。実

は私自身、税金のアドバイスをしている時間よりも、さまざまな人生相談をされるお客様を励ましている時間のほうが、圧倒的に長いように感じています。

私の息子が小学生のころ、親の職業について調べるという宿題が出ました。

「税理士はどういう仕事なの？」

「普通の税理士は税金を計算するのが仕事だけど、お父さんは医院専門だから普通の税理士とは少し違うんだよね。お医者さんから人生相談を受ける仕事というか何というか……」

息子からの質問に私は上手く説明ができませんでした。

クリニックを経営される院長先生や院長夫人からのご相談内容は、税金はもちろんのこと、クリニックの資金繰り、スタッフの採用、スタッフの育成、昇給、お子様の進路、持ち家の購入など、広範囲にわたります。

その中で、「院長夫人の役割とは？」と聞かれることも多々ありました。約20年間の私の税理士としての経験から言える院長夫人の役割をこれを機にみなさまに投げかけてみたいと思うようになり、この本の執筆に致りました。

考えが変わった瞬間

クリニック専門の税理士になる前の私は、前述のような次第で貧乏な人の気持ちはまるで我がことのようにわかるのですが、お金に苦労をしたことのない、いわゆるセレブな人達の気持ちは、まったく理解できていなかったように思います。かつての私がそうだったように、ほとんどの人はお金持ち特有の悩みや苦しみは理解できないように思います。

読者のみなさまの反感を買うことを承知の上で正直に言いますと、医院専門の税理士になる前の私は、お金持ちが苦しみを感じることは、限りなくゼロに近いと思っていました。

今思えばとっても短絡的ですよね。よくよく考えてみると、苦しみを感じない人は世の中にはいません。お年寄りにはお年寄り特有の苦しみ、若い人には若い人特有の苦しみ、従業員には従業員特有の苦しみ、経営者には経営者特有の苦しみがあり、みんな苦しむ内容は違うけれど、かならず何かしらの悩みを持っていると思います。

しかし、当時の私を含め世間一般の人たちは、自分の苦しみの原因はお金がないことだと信じて、

「お金さえあれば自分は幸せな人生を過ごせるに違いない」

とまちがった考えを抱いているように思います。

ですからセレブなイメージのある院長夫人は、私たちと違って「幸せであるに違いない」と思いこんでいます。これが世間の人たちが抱く典型的な院長夫人のイメージではないかと思います（世間一般の人たちに、「私たちと違って」というあなたに対して若干の嫉妬心があるのも、知っておいたほうがよいでしょう）。

しかしある出来事を通じて、「お金」があることと「幸せ」は比例しないことを私は知ることになりました。

その出来事とは、私が医院専門の税理士になりたてのころのことです。ある日、顧問先医院の奥様から一本の電話がかかってきました。

「鶴田先生、私がいつも相談に乗っていただいている○○先生に、できるだけ早急に特別報酬を500万円払いたいのですがよろしいでしょうか？」

と奥様は早口でまくしたてられました。

私は突然かかってきた突拍子もない内容の電話に戸惑いました。

「え？　ちょっと待って下さい！　500万円ですか？　奥様、特別報酬500万円というのはいったい何の理由で払うのですか？」

「○○先生に日ごろいろいろ親身に相談に乗っていただいたので、コンサル料としてお札をお支払いしたいんです」

お話を伺うと、実際のところはどうも○○先生からお金を無心されているようでした。奥様が○○先生のところに頻繁に通い、プライベートなことや医院経営のことについてアドバイスをもらっていらっしゃるのは知っていました。そして私から見て、そのアドバイスの内容は決して医院を良くするとは思えないものでした。

そのようなアドバイスに対して500万円もの大金を払うのは、税法的にリスクが高すぎます。すなわち、税務調査が入った場合、○○先生へのコンサル料の支払いは、そもそも医院経営との関連性が怪しいので、贈与税として指摘される可能性が極めて高いのです。

そもそも税法云々よりも、奥様は都合のいいように騙されているのではないか。医院を守る顧問税理士として、また一人の人間としても簡単に見過ごす訳にはいきません。私は正義感に駆られていました。

「奥様のお気持ちはわかりました。まずは院長先生とお話をしてみて、院長先生のご意見を伺ってみましょう」

という言葉で、まずはその場を取り繕いました。

すぐに私は院長先生とお会いしました。

「院長先生は○○先生へのコンサル料のお支払いについてどう思われますか？」

と尋ねると、

「500万円もの大金を払うなんて他の人が見たらバカげているとは思いますが、私は妻の気持ちもわかる気がするんです。以前、私は妻に本当に申し訳ないことをしてしまったと後悔しているんです……500万円は高すぎますが、いくらかは払う方向で考えさせて下さい……」

「えっ！　どういうことですか？」

院長先生からは、意外な返事が返ってきました。


そのとき、院長先生は以前、奥様に子育てを全部押し付けてしまったこと、お子さんを医学部に合格させるために、奥様は親戚一同から相当なプレッシャーをかけられていたこと、院長先生が奥様の居場所を家庭の中や院内に作ってあげられなかったこと、奥様は孤独で悩んだ結果、話し相手を求めて○○先生のところに出入りするようになったこと、などを赤裸々に話して下さいました。

顧問税理士とはいえ、赤の他人である私に対して、ご家族の内情まで話していただいたことに、私のことを強く信頼してもらった嬉しさを感じました。と同時に、目の前の出来事を、

「善なのか」それとも、「悪なのか」という二者択一の表面的な捉え方しかできず、その中間に奥様の苦しみがあることを理解できていなかった自分の浅はかさを、とても恥ずかしく感じました。

院長先生と話し合った結果、○○先生に500万円は払わない代わりに税務調査で贈与税として指摘されることを承知の上で、200万円を払うという結論に至りました。平均的な家庭で育った私にとって、何不自由なくセレブな生活を満喫なさっているように見える院長夫人が、○○先生に500万円払っても構わないというほどの大きな悩みを抱えられていることに、私は強い衝撃を受けました。

「お金があること」と「幸せであること」はまったく別なのだな、ということを深く考えさせられました。

外からは見えない院長夫人の苦しみ

なお、この話には後日談があります。その数か月後、院長先生のお母様（院長夫人からみるとお姑さん）から、

「お話したいことがあるので○○ホテルのラウンジでお会いできませんか？」

との電話をいただきました。

「院長先生のお母様が、税理士である私にいったい何の用事があるのだろう？」

「そもそもなぜ私のことを知っていらっしゃるのだろう？」

などとさまざまな疑問を持ちながら恐る恐るホテルのラウンジを覗いてみると、80歳くらいの上品なご婦人がすでに待っておいでで、開口一番、

「今日は嫁（院長夫人のこと）の件であなたにお願いがありましてご足労いただきました」

と言われました。

「嫁はとっても心の優しい女性なんです。ただし私と違って気の弱い面がありまして……」

お母様は、ご自身もかつては院長夫人であり、今まで医院スタッフのさまざまな嫉妬や親族

からのプレッシャーと戦ってきたことや、自分は気が強いので、嫉妬やプレッシャーを跳ね返すことができたけれど、嫁は気が優しくてとてもつらい思いをしていることなどを話されました。そして、

「嫁は今、怪しい人物のところに出入りしています。まるでマインドコントロールされているように見えて、とても心配なんです。そこで鶴田先生には、嫁の話し相手になってもらいたいのです。医院の経営状況を院長に報告する際に、嫁も同席するように誘ってもらいたいのです。」

とお話になりました。

話の最後に、

「私は院長夫人よ！　羨ましいでしょ！　何か文句ある？　くらいの強さがないと院長夫人は務まらないんですよ」

と笑っていらっしゃいました。

お母様の言葉には、これまでにさまざまな困難を乗り越えてきた方のみが持つ、独特の深みがありました。院長夫人というのは、一般の人には「セレブな奥様」としか見えていなくても、院長夫人自身が強くなければ、嫉妬や周りからのプレッシャーで心が押しつぶされてしまうよ

うな、大変な立場でもあるのだな、ということを私は強く考えさせられました。

その後、私は、医院の経営報告の際には院長夫人にも同席していただき、奥様に積極的に話しかけるようになりました。奥様も院長先生と一緒に医院を経営している、夫婦で一緒に良い医院を作るんだ、と思ってもらいたかったからです。

今思えば、このとき、私が持論としている「医院の夫婦経営」の基礎となる考えができてきたように思います。

この件で私は院長夫人が抱えている一般の人には知りえない苦しみを知ることになりました。その後もさまざまなクリニックの顧問税理士となるたびに、院長夫人は一般の人が想像できないような苦しみを抱え、人知れず周りからの数々のプレッシャーに耐えていることを知るようになりました。

仮に従業員が数百名を超える規模の病院であったとしても、結局医療機関は大なり小なり家族経営の域を出ず、そこには子育てに悩み、医院スタッフに過度に気を使い、院長先生を気遣いながらも自分自身の居場所が見つからずに悶々と悩んでいる院長夫人の姿があるように感じています。

もし院長夫人の良き理解者が現れるのであれば、それはまず最初にご主人であるべきではないか？　と私は考えています。子育てや医院経営について院長先生と奥様がお互いを理解し合わないと、先ほどの○○先生のような怪しい人物に救いを求めてしまうかもしれません。

このようないきさつから、私の体験したことや、その時々で感じたことをお話しすることで、奥様がご主人と家庭のこと、夫婦のこと、医院経営のことなどさまざまなことを話し合うきっかけとなり、ほんの少しでも院長ご夫妻のお役に立てれば嬉しく思います。

子供の進路についての院長夫人の本音

顧問先の院長夫人に、

「お子さんには将来どんな職業に就いてもらいたいですか？」

とお聞きしますと、

「ちゃんと働いてくれればどんな職業に就いても構いません」

とほとんどの方がおっしゃいます。しかし、院長夫人と仲良くなって、何でもお話いただける

ようになってから改めて伺ってみると、

「できれば子供を医学部に行かせたい」

のが本音だそうです。


私の家族には医療関係の仕事をしている人がいません。そこで、

「なぜお医者さんになって欲しいのですか？」

と素朴な疑問を投げかけると、

「親族に医者が多く、医療以外の仕事に就いた人が自分の周りにいない」

「自分の親も兄弟もほとんどがお医者さんなので、医療の世界のことしかわからない」

と言われることが多いように思います。


私の本音を言えば「それでいいのかな？」と若干の違和感を持ってしまいます。将来の職業が「医師か、それとも医師でないか」という、二者択一の考え方になっているような気がするからです。

医師は病気の人を助けるとても素晴らしい職業ですから、院長夫人が「子供も医師になって欲しい」、あるいはお子さんが「医師になりたい」と思われるのはとてもよいことだと思います。しかし（あえて私が言うまでもなく）医師になるためには、一般の人には想像できないく

らいの厳しい受験戦争に勝ち残っていかなければなりません。

私が想像するに、仮にスポーツの世界に例えるならば、「高校野球で甲子園に出場する」とか、「インターハイに出場する」くらいのレベルの、とてもハードルが高いことにお子さんを挑戦させているのではないかと思うのです。


「医師以外の職業はどのようなものがあるのか？」

「うちの子の長所はなにか？」

をきちんと理解した上で、第一志望が医師、第二志望は○○、第三志望は△△……、とお子さんとよく話し合ったほうが良いように思います。全員が医学部に合格できれば一番良いのですが、（縁起でもないことを言っているかもしれませんが）もしそうならなかったときに、親子ともに医師以外の職業についての知識がまったくなかったとしたら、「医師か、医師以外か」という極端な捉え方になってしまい、医師でないことはダメなことと、お子さんを不必要に追い込んでしまうように思うからです。

可愛いお子さんのためにも、「医師以外の仕事についてはわからないから」という理由ではなく、さまざまな職業がある中で医師を目指すのだ、というコンセンサスを取っておいたほうが、お子さんが幸せになれるような気がします。

ちなみに、弊所の顧問先の院長先生のご兄弟で、医師にならなかった方の職業としては、公認会計士、大学の教授、高校の先生、商社マン、公務員など、やはり幼少期からしっかり勉強をしていないと就けない職業に従事している方が多いようです。

私自身も医師ではありませんが、顧問先のクリニックの経営を支援することにより、「(間接的ではありますが)地域医療の一端を担っているんだ」という自負を持って毎日仕事をしています。医学部に行かなくても地域医療へ貢献する方法は、実はたくさんあるのです。

私が医院専門の税理士になった理由①　K先生との出会い

税理士試験に合格する2年前の35歳のとき、私は福岡のある大手会計事務所に入社しました。そして入社した直後、私はK先生(精神科ドクター)の開業コンサルティングをお手伝いすることになりました。設備投資額は約4億円と多額で、コンサルティングの内容は、K先生に寄り添って、医院の開業に関する全ての業務を請け負うというものでした。

私の親戚や友人に医療関係者は誰一人おらず、また病気とは無縁の健康体であったため、それまで私はドクターとはまったく接点のない人生を送っていました。恥ずかしながら当時の私は医療については、保険点数が一点10円であることすら知らないズブの素人で、私にとって医院の開業コンサルティングはとてもハードでプレッシャーのかかる業務でした。

しかし、K先生は私よりも二歳年上のとても優しい方で、冷や汗をかきながらもK先生のお役に立とうとする私をとても可愛がって下さいました。

私を食事や遊びに誘っていただき、今まで苦しかったこと、楽しかったこと、将来の夢などいろいろな話をお聞きしました。話の中から、ドクターならではの苦悩も知ることができました。

一番驚いたのは、ドクターは医療の知識は豊富なものの、お金にまつわる知識はものすごく不足している、ということです。ただ、多くのドクターはそのご自身の弱点をとてもよく理解していて、そうした自分をサポートしてくれる信頼できる人を真剣に探しています。

K先生もそうしたドクターでした。私はK先生と接する中で「K先生の力になりたい！」とますます強く思うようになりました。自分の力でK先生を幸せにすることは、当時の私の喜びでした。

その後K先生は無事開業され、医療法人化のお手伝いまでさせていただくことになりました。

K先生の開業後、縁あって10件、20件とさまざまなドクターの開業のお手伝いをさせていただくうちに、私は、知らず知らず医院開業や医院運営に詳しくなっていきました。

そうして私は現在、福岡で医院専門の会計事務所の所長として、ドクターを日々サポートさせていただいている次第です。

私が医院専門の税理士になった理由②

あの日、点滴をすすめられて

今でもまるで昨日のことのように覚えているのは、K先生が精神科のクリニックを開業されたばかりの、20年近く前のことです。

仕事上のトラブルが立て続けに発生し、私は精神的にとても落ち込んだ状態で、担当先であるK先生との打ち合わせに臨むことがありました。

開業されたばかりのK先生に余計な心配をかけないようにと、私はカラ元気を出しながら打ち合わせをしました。冗談を交えながら面白おかしく一時間ほど打ち合わせをしたつもりでしたが……。

そろそろ帰ろうかなと思ったときです。

「鶴田さん、点滴を打っていきませんか？」

と処置室に案内され、それ以上は何も言わずK先生は無言で私に点滴を打って下さいました。おそらく憔悴しきっていた私に気づき、K先生は心配して下さったのでしょう。実際のところ、私は精神的にかなり追い込まれていたのです。K先生にはそんな私のことが全てわかっていたのです。

ひとり、暗い処置室のベッドに静かに横たわり、点滴を打ってもらいながら、私は先生のさりげない配慮と優しさに思わず泣いてしまいました。

私は処置室の暗い天井を眺めながら、「K先生のお役に立ちたい！　K先生のことを守りたい！」と心の底から思うとともに、それ以来「K先生が幸せになれますように！　K医院に患者さんがいっぱい来ますように！」と毎日毎日祈るようになりました。

そして、どうしたら患者さんが増えるのか、K医院の将来を真剣に考えるようになりました。K先生に強い感謝の気持ちを持ち始めたことで、私の行動が変わったのだと思います。そのころから私のことを慕ってくださる担当先のドクターが増えていきました。

実はそれまでの私はドクターという種類の人たちが苦手でした。経済的にごくごく一般の家庭で育った私から見たら、生まれも育ちも良くて、人生においてお金に困ったこともなく、それでいて頭の回転が速い、そんな恵まれた人生を歩んでいる人に「いったい何を教えてさしあげることがあるのだろう?」と常々疑問に思っていました。

しかし、何も難しく考える必要などなく、ドクターと一緒になって喜んだり、心配したりすることが最も大切なことなのだということに気づきました。

K先生が憔悴しきった私を心配して点滴を打って下さったように、私も目の前の人を精一杯大事にすればいい。

医院の経営がうまくいっていれば、それをまるで自分のことのように喜ぼう。医院にトラブルが発生したら、まるで自分のことのように心配しよう。困ったときに少しでも良いアドバイスができるように毎日コツコツ勉強しよう。

ともすれば、税理士の仕事は、そのほとんどが事務処理と勉強です。華やかな世界とは程遠い、とても地味な仕事です。しかし、院長先生と一緒に喜び、そして悲しみ、院長先生と一緒に年を重ね成長していく、一人ひとりのお客様の人生に10年、20年、30年と深く関わっていくことが私の仕事だと思っています。私は医院専門の税理士という職業に就けたことを今でも誇りに思っています。

院長夫人にとって耳の痛い話

インターネットで「院長夫人」と検索すると、予測変換で「院長夫人パワハラ」、「院長夫人嫌われ者」などという残念なキーワードがたくさん出てきます。

「どういうこと?」と思い興味本位で書き込みを読んでみますと、書き込んだ方は、どうもその医院に勤めている看護師さんらしく「院長夫人から毎日毎日嫌味を言われて、もう耐えられない」という相談文でした。

ちなみにこの相談に対する回答として、「自分が勤めている医院の院長夫人は、とても気を遣ってくれる人で、逆にスタッフが恐縮するくらいです。あなたも早めに今の医院に見切りをつけて、次の医院に転職してみてはどうですか？」というものが、ベストアンサーとなっていました。

このような書き込みを見ていますと、「医院に勤めるスタッフに対して院長夫人の与える影響はとても大きいのだな」とつくづく感じさせられます。

医院経営を良くするのも悪くするのも、実は院長夫人の影響がとても大きいと改めて考えさせられました。

第Ⅱ章

院長夫人が「格好いい女性」に見えた瞬間

第Ⅰ章では、世間の勝手なイメージとはうらはらに悩める院長夫人のお話をしました。この章では夫婦経営を持論とする私が、「医院経営において重要なのは、実は奥様の貢献ではないか？」と思うに至った最初の出来事についてお話しようと思います。

普段は陽気でとてもおしゃべり好きな院長夫人の意外な一面

院長夫人のプロフィール

地方都市の町はずれで整形外科有床診療所を営む医院の院長夫人で年齢は65歳。医院は30年前に開業。院長夫人の前職は病院の医療事務。お子様二人はすでに三十代で、医師になられていて、ご長男が東京から戻って来られたため、現在は医院の事業継承中。

私が医院専門の税理士として働き始めて2年ほど経ったころ、ある整形外科有床診療所の税務顧問をすることになりました。この医院の年間の売上は3億円程度で、スタッフ数はパートさんを含めて35名ほどでした。

当時、院長先生の年齢は70歳で奥様は65歳とすでにご高齢でした。奥様は医院の窓口で、金銭の管理や、銀行振込などの業務をされています。

私が行う医院の収支報告は、いつもご夫婦で一緒に仲良く聞かれていました。院長先生が昼休みに入るのがだいたい13時ごろでしたので、私はその時間に合わせて医院にお伺いしていました。

ただ、とても流行っている医院で患者さんが多いため、院長先生がお昼休みに入るのは30分以上遅れることも多く、そのようなときには、院長先生を待っている時間に、きまって院長夫人が私の話し相手をして下さっていました。

「鶴田先生、この前私、生け花の展示会に出品したんですよ。そのときの写真がこれです。ほら、どうでしょう？」

「とても綺麗ですね！　なんかお花が活き活きして、奥様に生けてもらってお花も喜んでいるような感じがしますねぇ（笑）」

などと返すと、

「またまた、お上手ですね（笑）」

とか、

「先日、書道をしてみたんです、そのときに書いた掛け軸がこれなんです。どうでしょうか？」

「いやぁ、実は私もこの掛け軸のことが気になっていました、有名な書道家が書かれたものだとばかり思っていましたよ」

「またまた、お上手ですね」、

という具合で奥様は手を叩いて笑っていらっしゃいました。

他にも、以前旅行に行った話や、ご家族の話など、面白おかしくお話して下さいました。奥様はとてもおしゃべり好きで、いつも必ずニコニコ笑っていらっしゃるのです。私にとって、院長先生を待つ間、奥様とそのような他愛のない雑談をすることは、心が癒されるとても楽しいひとときでした。

私に仕事上のトラブルがあり、心配事を抱えているときなどは、

「先生、普段よりも表情が暗いように感じますが何かあったんですか？」

などとまるで母親のように私のことを細かく観察し、心配して下さいました。

奥様はいつお会いしても機嫌がよく、

「奥様にも普通の人みたいに不機嫌なときがあったりするのだろうか？」

と私は常々思っていました。

そのようなことが数回続いたある日、私はいつものように院長室のドアをノックし、開けてみると、

「しっかりしなさい!!」

奥様の大きな声が聞こえてびっくりしました。

看護師さんと向き合って何かを話されていますが、いつもと違い、空気がかなりピリピリし

ています。普段は優しい奥様が、ものすごい剣幕でスタッフを叱っていらしたのです。

向かいに座っている看護師さんは泣いているようです。

「あなたは母親としての自覚はあるの？　そんなことで大事なお子さんを本当に育てていけるの？」

などと奥様からは厳しい言葉が続きます。

そのとき私は想像もしない展開にびっくりして声をかけることもできずに、その場に立ち尽くしてしまいました。

どうも看護師さんだけでなく奥様も泣いているようなのです。断片的にお話を聞いていると、その看護師さんは母子家庭らしく、医院で看護師をしながら女手一つでお子さんを育てている

ようでした。職場で他のスタッフとの人間関係が上手くいっていなかったらしく、医院を退職することを決め、今まで自分のことを可愛がって下さった院長夫人に、お別れの挨拶をしにきたようです。奥様はそんな看護師さんのことを本気で心配して叱っていらっしゃるようでした。

看護師さんに真剣に向き合う奥様の姿を見ていて、とても不謹慎かもしれませんが、その毅然とした態度に私は「ものすごく格好いい！」と思いました。

私は女性のことを「かわいいな」とか「優しいな」と感じたことはありますが、「格好いいな」と思ったことは今までありませんでした。私は生まれて初めて院長夫人のことを「格好いい女性」だと感じたのです。そのときの奥様の表情はいつもとはまったくの別人で、発する言葉はとても厳しいのですが、その看護師さんのことや、その看護師さんが育てているお子さんのことを、まるで我が娘や孫を心配するような気持ちで叱っていらっしゃるのでした。

看護師さんとのお話が終わった後、

「あら先生、お見苦しいところをお見せしましたね（笑）。お茶を淹れましょうね」

と涙をぬぐいながら、いつも通り、奥様は笑顔で私に話しかけて下さいました。

院長夫人の役割

私はこの場面に遭遇したことで、「医院が流行っているのは院長先生だけでなく、実は奥様の存在もかなり大きいのではないか？」と思うようになりました。

院長先生をよくよく観察していますと、とても忙しそうです。医院に来る患者さんは毎日100人を超えています。お昼休みの時間も、院長先生には医院に出入りする業者の人たち、税理士、社労士、建設会社などとの打ち合わせが入っており、なおかつ地元の医師会の役員もされていたので、診療が終わった後は夕方から医師会の会合に参加されます（日曜日は学会で上京しなければならないことも多々あります）。

そんな忙しい毎日の中で、総勢30名を超えるスタッフ一人ひとりの職場内での人間関係や家庭環境を理解して深く関わって、まとめ上げるには、院長先生だけではとても手が回らないと思います。少なくとも私にはできません。

そんな院長先生一人では手が回らないスタッフ一人ひとりに対する応対を、院長夫人がしっかりと引き受けていらっしゃったわけです。

この医院はご夫婦でとてもよい医院経営をなさっていました。奥様は、私に冗談を言ったり世間話をされるのと同じように、いつもスタッフにも冗談を言ったり世間話をされていたはずです。院長夫人が一日に数回医院の見回りをされる際に、私が院長夫人との他愛もない会話を心から楽しんでいたように、スタッフの方も院長夫人との会話を楽しんでいたのだろうと思います。

スタッフは、日々忙しく働かれている院長先生には、気後れしてなかなか話しかけづらくても、いつもニコニコしていて、なおかつ時間に余裕のありそうな院長夫人には話しかけやすいのです。院長夫人こそが医院の人間関係において、潤滑油のような、とても重要な役割を果たしていらっしゃるのではないかと思うようになりました。

これが私が、「医院を良くするには院長先生の存在も大事だけど、院長夫人の存在も院長先生と同じか、もしくはそれ以上に大事なのだな」と確信を持つようになったきっかけです。

私の税理士事務所のお客様の多くは、九州の小規模都市のさらに郊外に医院を構えていらっしゃり、そのようないわゆる田舎で医院を経営する場合は、「患者さんとスタッフ」、「スタッフと院長夫婦」といった人と人との結びつきがとても重要になります。院長先生一人ではカバーしきれない、人間同士の結びつきを院長夫人が見事に実践されていたのです。

オープニングスタッフが集まらない！

ここからは、院長先生と一緒にさまざまな困難に立ち向かわれた院長夫人の実例をご紹介したいと思います。

> 奥様が4歳と2歳のお子様の育児中に、ご主人は歯科医院を開業しました。オープニングスタッフの採用に苦戦しながらも、かろうじて歯科助手3名を採用できたと思ったのですが……。

ご主人が歯科医院を開業したのは福岡県の郊外です。風光明媚な人口数千人の町で、はっきり申し上げて、田舎の小さな町です。

医院の建物もおおむね完成し、あとはオープニングスタッフさえ確保できれば予定通りに開業できるという状態にまで辿り着きましたが、田舎町で医院を開業する場合によく問題となるオープニングスタッフの確保の苦戦に、この医院も直面することになりました（田舎だと転職活動をしている人の数が、都市部に比べると圧倒的に少ないのです）。

開業4か月前から求人誌などに求人を出してはいたのですが、歯科衛生士に至っては結局応募がないため、やむなく計画を変更し、歯科助手を3名採用することで開業に臨むことになりました。

そんな中、開業を3日後に控えた夜、院長先生から私あてに電話がかかってきたのです。

「鶴田先生、大変なことになりました！」

「何があったんですか？」

「実は内定を出していた歯科助手3名のうち、2名から内定を断られてしまったんです」

「えっ!!」

「3日後に開業だというのに……。どうしたらいいでしょうか……」

「ちょっと時間を下さい。考えてみます」

そう言って電話を切った後、

「何か手はないものか？」

と考えた結果、弊所の顧問先の歯科医院で、その歯科医院から距離的に近い順に、最近退職したスタッフはいないかを、尋ねていくことにしました。

距離的に近い歯科医院で退職者が出た場合、もしかするとその退職者が次の医院にまだ就職をしておらず、しばらくの間手伝ってもらえるのではないか、と思ったからです。

幸いなことに、その歯科医院から一番近く、20キロほど離れた顧問先（歯科医院）に、海外に留学したいという理由で2週間前に退職したベテランの歯科助手がいて、まだ留学に出発し

ていないことがわかりました。そこでその院長先生に、

「大変申し訳ないのですが、最近退職した歯科助手さんにコンタクトを取ってもらえないでしょうか？」

と頼んでみたところ、快く引き受けて下さり、海外留学の直前まで歯科医院を手伝ってもらえるところまで話をつけていただけました。

こうしてようやく、ベテランの歯科助手1名が手伝ってくれることになり、院長先生と歯科助手2名の合計3名でなんとか開業当日を迎えることになりました。しかし助っ人のベテラン歯科助手は1か月後に海外留学に出発してしまうため、それ以降は頼ることはできません。

開業前の内覧会が盛況だったこともあり、幸いなことに患者さんはどんどん増えていったのですが、来院される患者さんの数に対して、圧倒的にスタッフが足りないので、院内は目がまわる忙しさです。結局院長夫人が朝から晩まで医院を手伝うということによって、この困難を乗り切ることができました（二人の幼いお子さんはベビーシッターを雇って面倒を見てもらったそうです）。スタッフの採用活動はその後もしばらく続き、開業から1年経ったころに、ようやく必要な数のスタッフを確保できました。

それから5年が経った現在、医院は落ち着いています。今、院長夫人はお昼に医院に顔を出

して経理書類の整理のお手伝いだけをされています。

しかし、開業時はご主人の開業という夢に付き合い、恐ろしいスピードで急激に預金残高が減少することになりました。そのような中で、ベビーシッターをお金を出して雇い、可愛いお子様二人を他人に預けて、朝から晩まで働かなければならなかった院長夫人の気持ちやご苦労を考えると、本当に大変だっただろうなと思います。

オープニングスタッフの勤務態度が悪い！

こちらもご主人が歯科医院を開業したときの話です。現場未経験の歯科助手3名とベテランのパート歯科衛生士1名を採用しました。開業前から歯科助手3名に不穏な気配が……。

ご主人の歯科医院は都市部での開業でした。オープニングスタッフの採用に苦戦はしたものの、何とか歯科助手3名とベテランのパート歯科衛生士1名を採用することができました。十分なスタッフの数とは言えませんが、開業時のスタッフ採用は厳しいと先輩開業医から事前に聞いていたので、「まぁ、こんなものだろう」と院長先生も思っていました。

ところが、ひとつ気になることが出てきました。歯科助手3名の勤務態度が悪いのです。3人はいつも固まって仕事をしており、ペチャクチャと仕事には関係ない内容のおしゃべりをしています。それに開業準備段階での給料について、計算方法を細かく質問してくるのも気になります。

開業した場所は歯科医院の激戦区でした。開業当初、医院は患者数はまだ少なく、1日5～10人程度でした。患者が少ない上に歯科助手の勤務態度が悪いため、院長先生のストレスはどんどん溜まっていきます。

開業して1か月が経ったある日のこと、その日は診療を休診にして、歯科治療の研修に人

タッフ全員で参加したのですが、歯科助手の3人がそろって院長先生から離れた席に座り、講義中に机に伏せて居眠りをしているのを見たとき、院長先生は「もう彼女たちと一緒に働くのは無理だ」と判断されました。

この歯科医院では、まずは最初の3か月間はスタッフと有期雇用契約を結び、勤務態度を見ながら正社員に採用するという方法をとっていました。

スタッフに、

「3か月後の期間満了時には、みなさんとの契約更新は行いません。契約更新はしませんが当初の雇用契約に従って3か月までは給料を払い続けます。しかし契約は更新しませんので明日から転職活動をしてもらって構いません」

そう伝えたところ、さっそく次の日から3人とも医院には出勤してこなくなりました。

結局残ったのは、院長先生、パート歯科衛生士、そして当時2歳のお子様の子育て中の院長夫人の3人です。

なお、3名の歯科助手が一斉退職した日以来、因果関係ははっきりわかりませんが、急に患者さんが増え始めたそうです。

パートの歯科衛生士が医院で働いてくれるのは、午後4時までです。歯科治療では院長先生のアシスタントをしてくれる人が必要ですので、歯科衛生士がアシスタントに入ると受付には誰もいないため、院長夫人が受付を務めることになります。午後4時を過ぎ、歯科衛生士が帰った後は、閉院まで院長夫人が治療のアシスタントと受付業務を兼ねることになります。まさに夫婦二人だけの医院です。

結局、院長夫人は小さなお子様を保育園に預け、可能な限り医院の仕事を手伝って、この難局を乗り切られました。

現在、こちらの医院は開業から8年が過ぎました。収支も安定し、歯科衛生士だけでなく歯科医師も常勤で雇われています。安定した医院の経営を実現されて、院長夫人は現在、経理書類の整理や銀行振込業務だけをされています。

スタッフ全員が突然辞めると言い出した！

開業10年目の自宅兼診療所歯科医院の奥様のお話です。なお、奥様は結婚される前は、地方銀行で一般事務をされていました。

院長先生は奥様に対しては、「経理のとりまとめをしてくれればいい」「何だったら税理士からの医院の収支報告も聞いといて」というスタンスで、奥様も医院にはあまり顔を出すことなく、平和な日々が続いていました。ところが、ある日急に医院のスタッフが自宅にやってきて……。

院長先生は、無口であまり自分の感情を表に出さないタイプの人でした。決して悪い方ではないのですが、あまり周りの人に対して自分から積極的に話しかけることがないことから、コミュニケーションがとりにくく、悪く言えば本心では何を考えているのかわかりにくい、誤解を受けやすいタイプです。

「先生、この前の台風の日、患者さんの数はどうでしたか？」

「そうねぇ、ボチボチかな……」

「そうなんですねぇ」

私が世間話を振ってみても、あまり会話が長続きしません。医院の経営状況の報告をしていても、いつも黙って聞いていらっしゃいます。

そんなある日、奥様から突然電話がかかってきました。

「鶴田先生！　さっきスタッフが突然自宅にやってきて、今日で全員辞めたいって言われました！　どうしたらいいでしょうか……」

かなり焦っておいでです。

「院長先生は何とおっしゃっているのでしょうか？」

「主人に聞いたら、辞めたければ辞めればいいとしか言わないんです」

「全員が今日で辞めると言っているのには、それなりの理由があるんですよね？」

「どうも、スタッフが仕事でミスをして、そのスタッフを主人が怒鳴ってしまったみたいなんです。主人はもともと口数が少ない人だし、みんな普段から主人に不満があったみたいで……」

「なるほど……。まずは、診療が終わった後にスタッフのみなさんのお話を聞いてみましょう。スタッフのみなさんに今日の医院の業務が終わったら、スタッフルームに残ってもらうように言って下さい。スタッフのみなさん全員に残ってもらえそうですか？」

「そこは何とか大丈夫そうです」

「それと、何が不満なのかを奥様からスタッフのみなさんに聞いてみて下さい。できれば場所を変えて近所のファミリーレストランがいいでしょうね。その際は院長先生はその場には立ち会わないようにして下さい。これから話し合う目的はスタッフさんの不満のガス抜きですから、一切反論しないようにして下さいね。どんな理不尽な話をされても、大変だったわね、つらかったでしょうねと受け止めて下さい」

「わかりました、自信はないけれどやってみます」

その日、私はたまたま午後のアポイントがありませんでした。医院の一大事ですので、私も医院に駆けつけ、奥様をスタッフのもとへ送り出しました（院長先生はバツが悪そうな顔で隣に座っていらっしゃいました）。

院長先生と医院で待つこと数時間。夜の10時過ぎに奥様は医院に戻ってこられました。表情はとても疲れていました。

「どうでしたか？」

「ええ、とりあえずみんな明日は出勤してくれるそうです」

「よかったですね！」

「本当に辞めるかどうかを決めるのは、一週間だけ待ってもらえそうです」

奥様の話では、スタッフは院長先生が診療中に不機嫌そうな顔をしているのが気になって、ずっと以前から「いつ院長先生に怒られるのか？」とみんなビクビクしていたそうです。あるスタッフが院長先生に怒鳴られたのをきっかけに、「もうやってられない！」となり、みんなで辞めてしまおうという話になったとのことでした。

このスタッフは、院長に「辞める」と伝えても、「あ、そう」としか言ってもらえず、とても悔しかったそうです。そんな中、奥様がいたわりの言葉をかけながら、ずっと自分たちの話を聞いて下さったことで、気持ちがとても楽になったようです。

この件に関しては院長先生も反省されたようです。翌日からはスタッフに以前よりも優しく接することを約束してくれました。

院長先生のスタッフへの接し方が変わり、一週間もするとスタッフの怒りも少しずつ収まってきたようで、結果この件に関しての退職者は一人も出ませんでした。普段はめったに医院に顔を出さない院長夫人が、医院のピンチを救ったのです。

代々続くご主人の医院を事業承継した院長夫人の奮闘

院長夫人は大病院の看護師出身です。1年前にご主人が先祖代々続く医院を先代院長（お父上）から事業承継しました。その際に先代からのスタッフも引き継ぐことになりましたが、院長夫人はスタッフの医療技術が想像していたよりも低いことが気になっています。さらに、スタッフが患者さんに方言丸出しで敬語を使わないことや、自分たち夫婦を経営者として認めてくれない態度もとても気になっていました……。


私がこの院長夫人を知ったのは、弊所が開催する院長夫人の交流会でです。そのとき、

「1年後に主人が医院を事業承継しますので、院長夫人の役割について勉強したいと思って参加しました」

とこの奥様はおっしゃっていました。

「医院を承継するにあたって不安なことはありますか？」

と私が尋ねたところ、

「これからどんな困難が待ち受けているのか、まったく見当がつかないことがとても不安で

す」

と笑っていらっしゃいました。

　1年後とずいぶん先に思えたご主人の事業承継も、どんどんその日が迫って来ました。ご主人と奥様は、事業承継の1か月前に、すべてのスタッフと面談を行いました。そうして自分たち夫婦に明らかに敵意を持っているスタッフ2名には、退職してもらうことになりました。

　しかし残った他のスタッフも、明らかに敵対するような行動はしてきませんが、

「残業はなるべくせずに、早めに帰って下さい」

と言っても、以前と変わらずダラダラ残業をしていたり、また、ちょっとした態度からも院長夫婦をないがしろにしている印象を奥様は感じていました。

「院内を改革したいので、新しいスタッフを採用したいのですが、他院の求人の条件が良すぎてびっくりしました。今は給料がものすごく上がっているんですね。うちは今いるスタッフの給料が低いので新人だけ高い給料で求人を出す訳にはいきません」

「なるほど。それでは今いるスタッフさんの給料を上げるわけにはいかないんですか？」

「勤務態度もよくないので、今の彼女たちの働きぶりで、何の理由もなく昇給させることに

抵抗感があります。このままの勤務態度でいいんだと思われるのも嫌だし……」

「そうなんですか……」

それでも、院長先生、奥様、私の3人でさらに今後の方針について話し合った結果、以下のことを決めました。

第一段階：まずは自分たちのカラーを出さずに、医院をそのまま承継することに専念する。
第二段階：第一段階をクリアしたら院内改革に着手する。

まずは第一段階として、院内を何ひとつ変えることなく医院を承継していくことにしました。事業承継の鉄則は「守りながら変容する」です。つまりまず最初に「守る」ができて、その後に「変容する」になります。最初から自分たちの価値観を前面に出してしまう（つまり最初に変容する）と既存のスタッフの反感を買いますし、現場が混乱します。

まずは何ひとつ変えることなく、先代の院長先生とまったく同じやり方を継続してもらうことにしました。この期間は、スタッフに対して多少の不満があったとしても、ある程度のことには目をつぶって、何も口出ししないようにしました。すでに1年間の引継ぎ期間がありましたので、2～3か月もすると事業承継の混乱は収まりました。

「患者さんも以前とまったく変わらない人数がいらっしゃっています。もう落ち着いたようですね」

「はい、私たち夫婦にとっては初めてのことだらけでバタバタしていますが、患者さんの様子は以前とまったく変わりません」

「それではタイミングを計りながら、院内改革に着手していきましょう」

ここで注意したいのは、院内改革に着手したからといって、スタッフの働きぶりや考え方が、ある日突然急に変わるわけではない、ということです。

今回のケースでは、これから3～5年の年月をかけて、少しずつ院内を改革していくことにしました。3～5年と考えたのは、離職率が毎年15％とした場合、3年後には約半数、5年後には70～80％のスタッフが入れ替わっていると考えたからです。

まず手始めに、最新の医療機器を導入してみました。診療のフローが以前と若干変わったようですが、特に問題はありませんでした。

その次に、受付に自動精算機を導入してみました。以前は診療費をいただき、お釣りを返すという流れでしたが、今後は機械が自動的に精算してくれます。

導入する前は、患者さんとのコミュニケーションが少なくなるのでは？ と心配していましたが、特に問題はなかったようです。これで受付の業務の流れが変わりました。窓口の釣銭が合わずに受付のスタッフが残業することもなくなりました。

残業代が減ったことに不満が出ないように、減った分の残業代はスタッフになんらかの形で還元することにしました。

その後、接遇の講師を招いて医院の接遇研修を定期的に実施したり、奥様が前の病院に勤務していたころ可愛がっていた後輩の看護師が医院に転職して院長夫婦の仲間に加わったりしました。

このようにほんの少しずつではありますが、事業承継に伴う激震が走らないよう、ゆっくりゆっくりと現在も医院を改革中です。

院長先生と共に院内改革に取り組む院長夫人

医師としてはとても優秀なのですが、人間関係の細かい部分が苦手な院長先生の奥様の話です。院長先生は診療中についついスタッフを怒鳴ってしまうこともあるそうで、退職者が多く離職率が高い状況が続いています。院長先生はまた、金銭に無頓着で、全ての業者との取引価格が他院に比べて高額であり、資金繰りが厳しくなっていきました。

そのようないきさつから院長先生は「自分だけでは医院経営は無理だ」ということを悟り、奥様と二人三脚の医院経営を目指すことにしました。


弊所が開催している院長夫人の交流会で、私がこの院長先生に初めてお会いしたときのことです。この交流会に、院長先生は奥様とご夫婦で参加者されていて、

「院長夫人同士の交流会にどうしてご夫婦で来られたんですか？」

との私の質問に、院長先生は「今まで私一人で医院経営をしていました。しかし、私一人の力では上手く経営できないことに最近ようやく気づいたんです」とおっしゃいました。

「え？　どういうことですか？」

珍しいことをおっしゃる方だなと思い、詳しくお話を伺ってみることにしました。

院長先生は、以前は大学で研究をされていたのですが、5年前にお父様が急逝されたのを機に医院を事業承継されました。40代で地元の医師会の理事を務めるなど、医師としてはエネルギッシュに活動されています。

ただ、ご本人曰く、診療中はいつもイライラしているそうで、スタッフに怒鳴ったりすることもあるそうです。そのせいでスタッフの離職率も高いようです。

私からみて院長先生はとても穏やかな方という印象を持ちましたが、後にこの医院の離職率を調べてみるとなんと35%で弊所の顧問先の中でワースト1位でした(院長先生のおっしゃっていたことは、本当だったのです……)。

またご本人曰く、金銭感覚も疎かったそうで、業者から提示された見積については、合い見積もりを取ったり、「もっと安くなりませんか?」などといった価格の交渉をしたことは一度もないそうです。業者の持ってくる見積額でずっと取引を続けてきた結果、現在は資金繰りが悪くなってきたとのことでした。

これまで自分だけで医院経営をしてきたのですが、その結果スタッフも定着しないし、患者が多いのに資金繰りが悪いので、自分一人で医院経営をするのは無理だと感じ、そこでこれからは、医院経営に関する全てのことを奥様と相談しながら二人で決めていこうと思ったそうです。

そんな中、弊所で院長夫人交流会が開催されるという情報を知った奥様が、院長先生を誘ってご夫婦で参加されたのでした。

その交流会の数日後、「私たち夫婦に力添えをお願いします」とのお電話をいただき、弊所で税務顧問をさせていただくことになりました。

いろいろな資料を見せてもらいながら、これまでの医院経営について話を伺ったのですが、衝撃的なことが次々と出てきました……。

例えば、検査会社に委託する血液検査の検査料は、通常の約3倍の取引価格で請求されていました。さっそく合い見積もりを取り、検査会社を変えることによって、毎月の検査料を250万円から70～80万円に下げることができました。

また、院長先生の月給が250万円に対して、院長夫人の月給が30万円とご夫婦間でかなりの金額の開きがありました。所得税のことを考えると、所得税は累進課税ですので、ご夫婦がそれぞれ140万円をもらうほうが、世帯での所得税の負担は下がります。

ただし、各自の業務の実態と報酬の額が合っていなければ税務上問題がありますので奥様の勤務実態を尋ねることにしました。

「奥様はどのくらい医院のお仕事をされているんですか？」

「はい、毎日医院には顔を出しています」

「なるほど。現場のお仕事をしながら、さらに院長先生からのいろいろな相談にも乗ってるんですよね？」

「はい、医院のことは全て主人と私で相談して決めています」

「ということは、ほぼ常勤スタッフ並みに医院で働き、かつ医院の重要な意思決定にも関わっているわけですから、もっと月給を上げましょう！」

奥様の目がキラリと輝いたのを私は覚えています（笑）。

院長先生はこれまでの医院経営の怠慢の責任を取って、月給250万円から200万円に減俸し、奥様は月給30万円から80万円に昇給しました。

ご夫婦の世帯月収は同じ280万円（以前250万円＋30万円、以後200万円＋80万円）ですが、税率が高い院長先生の給料を下げ、税率の低い奥様の給料を上げたので、世帯での手取りは月に約10万円増えることになりました。

他にも、これからは、全ての取引について合い見積もりを取り、不当に高額な価格で取引をしていないかを奥様に確認してもらうことにしました。

10年以上払い続けている医療機器の再リース料、誰も利用しないゴルフ場の年会費、なぜ加入したのか理由がわからない生命保険や損害保険、今は参加していない勉強会の会費など、細かく細かく一つひとつの取引を奥様主導で精査していきました。その結果、毎月のコストは検査料の減額に加え、さらに毎月100万円ほど削減できました。

受付スタッフの残業代も奥様の経営改革の対象です。レセプト請求（診療報酬明細書の作成、点検、提出）の際には連日夜9時ごろまで残業をしています。院長先生も自分でレセプトの請求作業をしたことがないのでどのくらい大変なのか見当がつかず、スタッフに言われるままに残業を許していましたが、奥様の目から見ると、夜の9時まで女性が残業していることを異常に感じていました。

なんとなくダラダラ働いて残業代を稼いでいるようにも見えるし、この状態を放置すると労働関係の法律に抵触しないのかしら？　と気になります。そこでレセプトの請求作業を奥様が一緒に手伝うことにしました。その結果、スタッフの残業はみるみる減っていきました。なお、

削減できたコストの一部は、なるべく差入れやスタッフの昇給に充てるようにしました。

今では院長先生はスタッフを怒鳴ることもなくなったそうです。院長先生は「妻と一緒に何でも決めていますから、今は本当に気が楽です。これからも夫婦でやっていきます」とおっしゃっています。

院長先生が急逝！　しかも生命保険に未加入……。医院の借金はどうなる？

15年前にご主人が歯科医院を開業した奥様（Fさん）の話です。奥様は、当時3人の幼い子供の子育て中でした。しかし、ご主人は開業数年後に病気のため急逝してしまいます。ご主人は生命保険に加入されておらずFさんには、多額の借入金が残ってしまいました。そこでFさんがとった行動とは？

Fさんと出会ったのは5年以上前のことです。当時のFさんの年齢は50歳くらいで、35歳くらいの若い歯科医師（以下、S先生）と一緒に弊所にご相談に来られました。

今まで資金繰りに苦労しながら、なんとか医院経営をされていたのですが、「今後はS先生と一緒に力を合わせて医院経営に取り組みたい」ということで弊所に相談に来られたのでした。状況が上手く呑み込めず詳しくお話を伺ったところ、もともとFさんは歯科衛生士で、ご主人は歯科医師だったそうです。15年ほど前にご主人が歯科医院を開業されたのですが、開業後間もなくご主人は病気でお亡くなりになりました。

その当時、Fさんは3人のお子様の子育てのかたわら、ご主人の歯科医院を手伝っていたそうです。これだけでも大変なのですが、さらに追い打ちをかけるような不幸がFさんを襲います。実はご主人は生命保険に加入されていなかったのです。

Fさんに残ったのは、開業時に銀行から借りた数千万円の借金と、医院の土地と建物と医療機器でした。仮に医院を閉鎖して土地建物や医療機器を売却して借入の返済に充てたとしてもまだ、数千万円の借入金が残ってしまいます。また、閉院してしまうと、雇っている従業員も路頭に迷わせてしまうことになります。

そこでFさんは、亡くなったご主人の出身大学などの交友関係をたどり、ご主人の医院を引き継いでくれる歯科医師探しに奔走し、ようやく医院を引き継いでくれる歯科医師を見つけました。そうして、その歯科医師が払ってくれる歯科医院の家賃と、その歯科医院に勤めるFさん自身の歯科衛生士としての給料で、銀行の借金をコツコツ返済してきたそうです。

ただし、医院を引き継いでくれる歯科医師は見つかったものの、その歯科医師に対してのF

さんの立場は極めて弱く、この歯科医師からFさんに「家賃を下げて欲しい」とか、「もっと自分の取り分を増やして欲しい」などとの要求が相次ぎ、もし自分の要求が通らなければ、医院を閉鎖して出ていくと言われたそうです。

この歯科医師に出て行かれると、医院の借金が残ってしまうし、従業員10名の仕事がなくなってしまいます。いろいろと交渉をしたのですが、結局その歯科医師とは折り合いが合わず、この歯科医師は出て行くことになりました。

運よく次の歯科医師が見つかったものの、その次の歯科医師とも同じような理由で別れることになり、ようやく3人目にして信頼できる歯科医師（S先生）と出会うことができ、ずっと一緒に歯科医院をやっていく覚悟ができたそうです。そして、これをきっかけに、今後は二人で力を合わせて医院を経営して行きたいとのことでした。

S先生は私から見てもとても誠実な方でした。その後、銀行と交渉して、たくさんあった借入金の本数を一本にまとめて資金繰りを改善したり、これを機会に個人診療所からS先生を理事長、Fさんを理事とした医療法人に組織変更することにより、家計と医院のお金の流れをきれいに分けました。5年後の今では地域でも有名な歯科医院となっています。

Fさんの昔の話をお聞きするたびに、「メンタルが強いですね！」とつくづく感心するのですが、「もし主人が生命保険に加入していて、亡くなると同時に借金がなくなっていれば、医院はその時点で閉鎖したと思います。いろいろありましたが、今となっては主人が借金を残してくれたから医院を何とかして続けるしかなかったし、今はS先生と一緒に経営できているので、むしろよかったと思っています」とFさんはおっしゃいます。

お金の流れがきれいになることによって、資金繰りにも余裕ができ、今まで買えなかった医療機器や医院のホームページなどにも投資することができ、ここ数年は毎年過去最高益を更新し続けていらっしゃいます。ちなみに当時は幼なかった3人のお子さんのうち、一人は歯科医師、一人は歯科技工士となり、Fさんの歯科医院を家族全員で盛り上げられています。

医院が大きいほど、院長夫人の居場所はなくなるのか？

従業員数が50人、100人、200人……と増えれば増えるほど、院内に居場所がなくなって孤独感に苛まれる院長夫人は多いように思います。

特にご主人が実家の病院を承継した場合は、スタッフがいつも同じように忙しく動き回っている中、「若奥様」という立場でそのスタッフの中に入っていくことになります。

第Ⅰ章でお話したとおり、残念ながら院長夫人という立場は周りの人たちに誤解されやすく、特にスタッフからはあまり好意的な目では見られていないことが多いと思います。

規模が大きい病院の院長夫人は、

「私がいなくたって病院は普通に回っていきます。みんな忙しく動き回っている中で、なんだか自分だけがポツンと取り残されたようです」

「特に理由もなく病院に顔を出すと、どうかしましたか？　という表情でスタッフが寄ってくるんです。なにか特別扱いをされているようで何となく病院に行きづらいんです」

「医療法人の理事なので、税理士の収支報告に立ち会ったり、院長（ご主人）の話し相手にはなっているんですが、私個人は一週間のうち半日仕事があればいいほうで、残りの日はやることがなくて、とっても暇なんです」

などとおっしゃる方が、とても多いように感じています。

特にご主人が実家の医院を事業承継された場合、すでに大勢のスタッフが忙しく現場を動き回っているわけですから、自分ひとりだけが取り残された感覚を持ってしまうのも無理はありません。詳しくお話を伺うと「院長夫人って本当に大変な立場なんだな」と思います。

そんな孤独感に苛まれていらっしゃる院長夫人は、スタッフの採用をお手伝いされてはどうかと思います。後ほどお話しますが、ご自分がスタッフの採用に携わることにより、あなたから採用されたスタッフの数が1人、２人と院内で増えていきます（第Ｖ章201ページ参照）。

５～10年もすればあなたが採用したスタッフが院内で半数以上になります。そうすると、「私は奥様から採用してもらったんだ」と恩義を感じてくれるスタッフも増えますし、院長夫人も「自分が採用したんだから一人前に育てなきゃ」という良い関係の中で働けるようになると思います。

第Ⅲ章

私が感じた院長夫人特有のプレッシャー

私はまず、男性であり、税理士であり、子供にとっては父親です。院長夫人という立場とはまったくかけ離れた、むしろ真逆に近い立場にいるのですが、そんなかけ離れた立場の私から見ても、日々多くの院長夫人と接していると、「院長夫人って大変なんだな」と感じることが数多くあります。

ここでは、そんなことを感じたままに書いていこうと思います。これから述べていくことはあくまでも私個人の私見に過ぎず、全ての方に当てはまるわけではないことを理解していただいた上で、院長夫人のみなさまには「さて、私はどうなんだろう?」と考えながら読み進めていただければと思います。

お子様の教育①　有名難関中学の合格は、お子様以上の母親の頑張りのおかげ

ドクターのご家庭はほぼ例外なく教育熱心です。私の肌感覚ですが、ドクターのお子様は半分以上の割合で中学受験をされているように思います（ちなみに私の両親はあまり教育熱心ではありませんでした）。

私が幼いころは父から、

「俺は大したことない人間だから、俺の子供であるお前も大した人間にならなくていい、だからあんまり頑張らなくていい」

と口癖のように言われていました。私も50歳を超えた今となっては、父なりに、

「変なプレッシャーを感じずに息子には伸び伸びと生きていって欲しい」

という優しさだったのかな？　と肯定的にとらえたりもしますが、当時の私は反抗期の真っ最中であり、その言葉を聞くたびに、

「自分の息子に対して頑張らなくていいなんて、いったいなんていい加減な親なんだ！」

と内心ムッとしていました。

そんな具合ですから、学校の成績が悪くても授業をさぼっても、親から叱られた記憶はなく、その代わりに塾に通わせてもらったこともないので、正直なところ教育熱心な家庭がどういっ

た家庭なのか、若いころはあまりよくわかっていませんでした。

　ここではそんな私の印象に残ったお子様の教育に関するエピソードをお話したいと思います。

　ある顧問先歯科医院の院長先生にお会いして、仕事の打ち合わせも一通り終わったときのことです。

「先生、今度のゴールデンウィークはどう過ごされるんですか？」

と何気なく尋ねたところ、次のような答えが返ってきました。

「やっと息子の中学受験が終わりましたので、家族全員でのんびりハワイに行こうと思っています」

　院長先生からも「よくぞ聞いてくれました！」という雰囲気が表情に出ていましたので、院長先生の期待にお応えして、

「それはおめでとうございます！　ちなみに坊ちゃんは、どちらの中学に通われるのですか？」

「はい、○○中学、△△中学、××中学に合格したんです」

　教育熱心とはかけ離れた私でさえ知っている全国でも有名な私立の中学校です。お子様は、その中の自宅から一番近い中学校に、なんと授業料免除の特待生で受かったので、この中学校

に自宅から通うことにされたとのことでした。お子様の中学受験の結果を話す院長先生は、とても嬉しそうでした。

「坊ちゃんすごいですね！　どうしたらそんな難しい学校に合格できるんですか？」

中学受験など経験したことのない私にとっては興味津々です。

「息子もよく頑張りましたけど、実は息子以上に頑張ったのは妻なんですよ。息子は妻の努力で合格したようなものなんです。妻は勉強が得意ですし、食事の管理や睡眠の管理までしながら、息子につきっきりで勉強を教えてくれたんです。ですからハワイ旅行は実は妻へのプレゼントなんです」

「へぇー、奥様も坊ちゃんも凄いですねぇ、いやぁ本当に凄い。今度坊ちゃんの爪の垢をもらえませんか？　ウチの息子に煎じて飲ませますので（笑）」

などと冗談を言いながらその場を失礼しました。

医院専門の税理士をしていますと、お子様の中学受験のお話をよく顧問先の院長先生や奥様からお聞きします。そして、お子様の中学受験は、一家総出で取り組まれるのだということを聞いて（先ほどのお話のお子様の場合、夜の塾の送り迎えは、院長先生が担当されていたそうです）、私とは育った環境があまりにも違うことに、いつも本当に驚かされます。

お子様の教育②　大人になった今でも、実は母親のことが好きになれないドクター

ある顧問先ドクターと二人でお酒を飲んでいたときの話です。どのような話の流れだったかは忘れてしまいましたが、酔いも回ったころ、気づいたらお互いの育った環境の話をしていました。そのとき、そのドクターがポツリと

「実は私は今でも、母のことがあまり好きじゃないんですよね……」

とおっしゃいました。

「えっ？」

私は一瞬聞き間違いかと思いました。普通、男の子は父親のことは煩わしく感じるとしても、母親のことは好きなものだと勝手に思い込んでいたからです（若いころの自分がそうでしたし、うちの息子も見ていると私よりも明らかにうちの妻に懐いているような気がします）。

急なカミングアウトに私は、

「なぜお母様のことが苦手なんですか？」

と尋ねました。

「子供のころ、母は私の成績にとてもうるさかったんです。学校や塾の成績を母親に見せるのがとても億劫でした。人よりも良い成績でないと、母が目を吊り上げて怒り出して……。そ

のトラウマのせいで母にあまり良い印象を持っていないんです」

お話を聞きますと、そのドクターは子供のころ、ご自身も父親のように医者になろうと医学部を目指して勉強を頑張っていたそうです。しかし、なかなか成績が上がらず自信をなくしているときに、さらに輪をかけて母親が自分を責め立ててきたと思っていらっしゃるようでした。

そのときの私は、

「とても教育熱心なお母様だったんですね……」

としか言えませんでした。


ドクターのお子様が、「お父さんみたいな立派な医者にならなければ」という強いプレッシャーを感じていることは、一般人の私にも容易に想像がつくのですが、これに似たようなお話を、その後も二度三度と他のドクターからお伺いするたびに、

「もしかしたら母親である院長夫人も、お子様の将来について、周りから本人以上の強いプレッシャーを受けていらっしゃるのではないか？」

「もしかしたら院長夫人が受けるプレッシャーは、お子様以上なのではないか？」

「だから過剰なほど、お子様の成績に介入してしまうのではないか？」

と思うようになりました。

私にも現在、高校二年生の一人息子がおりますが、正直なところ私や妻が思っているようには育ってくれず、いろいろと心配事が尽きません。私のような一般の家庭でさえも、「息子を一人前に育てなければ！」とそれなりにプレッシャーを感じて、息子の成績や生活態度には、かなり敏感に反応してしまいます。息子の通う学校から電話がかかってくると、「息子が学校で何か問題を起こしたのではないか？」とか「成績が悪くて上の学年に進級できないのではないか？」などと内心ビクビクしてしまいます。

また、息子が「親のサインが必要だからサインして」と学校の成績表を持ってきても、すぐ

には見ることができずにまずは一呼吸して、「どんな成績だとしても決して取り乱したりしないぞ！」と心を整えてから成績表を開きます。その数分後には、心を整えた甲斐もなく結局取り乱すことになるのですが（笑）。

もしかすると院長夫人は私が感じるよりも、子育てについてさらに強いプレッシャーを受けていらっしゃるのではないか？　と思うのです。そうでなかったら、これほど熱心にお子様の学校の成績にこだわることはないはずです。

お子様の受験勉強に徹底的に付き合って合格に導いた院長夫人と、お子様の学業成績に口を出しすぎて疎まれた院長夫人、共通するのはとても教育熱心だということです。

よくよく考えますと、院長夫人ご本人は、ご自身の前職が看護師だったり、医院の受付だったり、一般企業の会社員だったりというケースが多いと思います。つまりご自身は医師ではなく、したがって医学部には合格したことがなく、医師になるためには具体的にどのくらい勉強しなければならないのか？　いったい学校の成績は上位何位くらいであればよいのか？　どのくらい苦しい勉強に耐えなければならないのか？　といったことは自分自身が未体験なのでよくわからないのではないでしょうか？

それなのに、周囲からは子供を医師にすることを求められるというのは、結構キツイことです。

ご家庭によって差があるとは思いますが、院長夫人の場合、一般の家庭の「息子を一人前に育てなければ！」のさらに上を行く「（他人と比べて極めて）優秀な人間に育てなければ！」という強いプレッシャーを感じている方が多いのではないか？　と感じています。

もしそうだとしたら院長夫人というのは、自分が経験したことのないことをお子様に強いなければならない、とても大変な立場なんだろうなと想像するのです。

医学部合格を目指すお子様を見て私が思うこと

私のような医療分野外の者から見ると、医師の人生は幼少期のころから、とても過酷な競争が始まっているように感じています。私を含めほとんどの人は、実は大人になるまでは、将来のことについて、何も考えずに過ごしていくように思います。一般的には大学四年生になったとき、みんな慌てて就職活動を始め、その際にようやく自分自身の人生と向き合い始めます。

院長夫人からすると驚かれることかもしれませんが、これが普通だと思います。私自身のことをお話すると、私は小学校〜中学校時代は将来のことについてはまったく考えることなく過ごしてきました。

学校の先生や周囲の大人から、

「将来何になりたいか？」と聞かれることは多いですから、

「学校の先生になりたいな」とか

「消防士って格好いいな」とか

「獣医って楽しそうだな」

などと答えはするものの、それは「なんとなくいいな」と思っている程度に過ぎず、本気で「具体的にどのような学校に進み、どのような勉強をすれば憧れの職業に就けるのか？」などとは、まったくといっていいほど考えたことがありませんでした。中学三年生の時には、みんな否が応でも高校受験に直面しますよね。このとき、

「どうせ受験するんだったら、今の学力より少しでも偏差値の高い学校を受験してみよう」

と思ったことが、私が通った高校を選択した理由でした。

その結果、県内で一番の進学校に入ることができたものの、その高校に通うことが私の人生にとってどのような意味があるのかなどと考えることはまったくありませんでした。そして地域で一番勉強ができる子が集まるわけですから、とうとう勉強についていけずに落ちこぼれた

り、時には得意な科目の勉強を頑張ってみたり、などを繰り返すうちに高校三年生になり、またまた大学受験に直面することになりました。そのときも「どうせ大学を受験するんだったら、今の学力よりも、少しでも偏差値が高くて面白そうな大学を目指そう」というのが、私が志望大学を決めた理由でした。

幸い、第一志望の大学に現役で合格できたのですが、私自身、具体的な人生の目標がないまま入学したわけですから、案の定、大学では勉強もせずにアルバイトに明け暮れていました。そして大学四年生になり、またまた否が応でも今度は就職に直面しました。「どうせ就職するんだったら名の通った大企業に入ったほうが、将来的にいろいろと都合がいいだろう」、「どうせ働くんだったら給料も高いほうがいいだろう」と思ったのが私の就職先の決定理由でした。その結果、当時、証券業界で国内第3位の日興証券株式会社に入社しました。とても短絡的な考えですね（笑）。

つまり私は、小さいころから自分の人生や将来のことについてあまり考えることがなく、「(自分の手の届きそうな目標の中で）できるだけ名の通った学校や会社に入りたい」程度の感覚で25歳まで生きてきました。「自分がどう生きていくべきか」、「人生において私は何をなすべきか」について真剣に考えたのは、最初の就職先である日興証券で、営業成績が伸びず、将来の出世が見込めずに、「本当は何になりたいのか？」、「どんな職業に就けば幸せになれるのだろうか？」と毎日悶々と過ごすことになったときでした。

毎日毎日、日々の仕事に疑問を持ちながら、「このまま人生を終わりたくないなぁ」、「この仕事をずっと続けていいのだろうか？」、「自分はいったい何がしたいのか？」と自分なりに考え、そうして出した回答が「中小企業の経営者が何でも話せる良き相談相手（つまり税理士）になりたい」ということでした。

そして25歳から税理士を目指し始め、その後12年かかって37歳でようやく税理士の免許を取ることができました。ずいぶん回りくどくお話ししてしまいましたが、ほとんどの人は私と同様、「将来どのような職業に就きたいのか？」を自分自身に問うことなく、なんとなく年を重ね、なんとなく大人になったのではないでしょうか。

「私は何になりたいのか？」「どんな人生を歩みたいのか？」の回答が一生見つからず、数年で転職を繰り返す人たちも、実際のところとても多いように思います。

それに比べて、「医師となる方の人生は、物心もつかないような幼い段階で、自分の人生の選択に直面しているのだなぁ」とつくづく感心します。医師になりたいと思う人は、わずか10歳くらいから、明確に医学部合格に照準を定めて塾に通い、周りの同級生たちと成績を競い合います。仮にどんなに遅くとも、高校二年生の文系もしくは理系を選択するときには、絶対に理系を選択しなければなりません。

世間の多くの人々は大学を卒業し、会社に入る23歳くらいから周りとの出世競争が始まるのに対して、医師を目指す方たちは、わずか10歳程度の幼いころから人生の目標を定めるわけですから、人生のスタートが驚くほど早いのです。そして、中学時代から医学部合格まで、決して落ちこぼれることは許されず、ずっとトップクラスの成績であることを求められます。

世間の多くの人々は、ヤル気が出たり出なかったり、頑張ったり頑張らなかったりを繰り返しながら大人になっていくのに、10歳～20歳くらいまでのわずか10年間で、自分が医師になれるかどうかに直面させられる人生って本当に凄いなぁと思うと同時に、とても過酷な人生だなぁとも思います。

もし今現在、医学部合格を目指して必死に頑張っているお子さんがいらっしゃる場合には「本当によく頑張ってるね」、「えらいね」とほめてあげて欲しい。つくづくそう思います。

医院スタッフとの関係

「スタッフになんとなく気後れしてしまって、医院に顔を出すのが億劫なんですよね……」など、ご主人が経営する医院のスタッフにどう接したらいいのか？　と悩まれている院長夫人

は多いように思います。私見なのですが、

「スタッフにどう接したらいいのか？」

という悩みは、別に院長夫人に限ったことではなく、院長先生もそうでしょうし、一般事業の他の会社の社長さんも、同じ悩みを持たれているように思います。当然私も同じ悩みを持っています。ついついスタッフに厳しいことを言ってしまったら、

「さっきは言い過ぎたかな？　もう少し優しく言えば良かったかな？」

「まさか、辞めるなんて言い出さないよね……」

スタッフから少し強い口調で
「もうこれ以上は頑張れません！」

などと言われた場合、急に狼狽してしまい、後で
「あのときもう少し毅然とした態度をとれなかったのだろうか？」

「あのときどう振る舞えばよかったんだろうか？」

などと一晩中悩みます。そして、事業を続けている以上、これからも職場の人間関係にはずっと悩み続けると思います。

でもご安心ください。みんな一緒です（笑）。そして、あなたも私も職場の人間関係の悩みから解放されることはおそらく一生ないでしょう（笑）。だから、スタッフとの人間関係に関

する悩みから逃れたいと願うのは諦めましょう。これからもずっと続く悩みなのですから（笑）。

院長夫人は医院最年少の27歳、スタッフは全員年上

スタッフとの人間関係に過度に悩む院長夫人は、医療の現場が未経験の方に特に多いように感じています。ここでは医院スタッフとの人間関係に関して、強いプレッシャーを感じていらっしゃる院長夫人のケースをご紹介したいと思います。

院長夫人のプロフィール

院長先生は37歳で院長夫人は27歳の年の差カップルです。奥様の前職は歯科医院の受付です。医院の開業は結婚と同時でした。

このご夫婦は歯科医院を開業するということで、お二人で私のところに相談に来られました。院長先生は37歳で歯科医師としては脂の乗った開業適齢期ですが、奥様は10歳下の27歳で「とても若いなぁ」という印象を持ちました。私はテレビもほとんど見ず、流行に疎いので、アイドルグループの元メンバーだと言われても信じてしまうような、そんな印象の奥様でした。

開業にあたっての税務や労務の打合せが一通り終わり、奥様に

「奥様の立場で開業にあたって何か気になっていらっしゃることはありますか？」

と尋ねてみたところ、

「私も主人の医院を手伝うつもりなのですが、実はウチは従業員が私よりも全員年上なんです。私はスタッフにどういう立場でどのように接したらいいのでしょうか？　他の医院では年下の院長夫人は年上のスタッフにどのように接しているのでしょうか？」

とかなりスタッフとの関係を心配されているようでした。

そこで、奥様が不安を感じていることについてさらに詳しく話をお伺いしました。そうしたところ、奥様はスタッフの採用面接には立ち会ったものの、採用したスタッフは全員30～40代と自分よりもかなり年上で（歯科医院の場合は、院長先生の開業年齢が若いことが多いため、院長夫人もスタッフよりも若い場合がよくあります）、院長夫人という立場上、もしスタッフ

に注意をしなければならない局面に遭遇したら、年下である自分が年上のスタッフを注意したり叱ったりできるのか、自信がないとのことでした。

院長先生は、

「なにかあったら俺が注意するから大丈夫だよ」

と笑っておいででしたが、院長先生の言葉は奥様の心に響いていない様子で、とても不安そうな表情をしていらっしゃいました。

ところで、この院長先生は私との会話の中でよく、「私と妻の医院」という言葉を使われます。私の目から見ても医院経営のパートナーとして奥様をとても頼りにされている様子でした。開業当初から家でも医院でも奥様とずっと一緒で、良いことがあっても嫌なことがあっても、いつも夫婦二人で医院のことについて話し合って乗り切っていこうと考えていらっしゃるのが伝わってきました。

その後10年が経過し、奥様は現在37歳となり、二児の子育てをされています。今はときどき医院に顔を出し、受付の手伝いをされながらスタッフに声かけをしたりスイーツの差入れをし、新人スタッフの指導をされています。一人目のお子さんを授かるまでは、医院の受付業務を一手に引き受け、院長先生と並ぶ「医院の顔」になられていました。今でもまだまだ十分にお若いのですが、最近は貫禄も出てきたように思います。

こちらの奥様を拝見していますと、「初めは自信がなくても、一生懸命手伝っていると、その月日が不安を解消してくれるのだな」と感じています。

ナンバー2気取りの超ベテランの看護師との接し方がわからない

院長夫人のプロフィール

院長夫人は開業5年目の内科医の奥様です。院長先生とは友人の紹介をきっかけに知り合い、結婚されました。奥様は前職で大企業の事務をされていました。

この医院には50代の超ベテラン看護師がいました。医療現場の仕事はとてもできるので、看護師業務については院長先生の信頼も厚いのですが、院内での態度が大きいのがとても気になります。言葉にこそ出しませんが、「私がいなければこの医院は回らない」という態度が露骨に出ており、院長夫人を差し置いてまるで院内の「ナンバー2」気取りです。

その医院は新人の離職率も高く、採用後2～3か月も経つと、「家庭の事情で退職しなければならなくなりました」

とか、

「他にやりたいことが見つかったので辞めさせて下さい」

と、それなりにまっとうな退職の理由で、とにかく新人が立て続けに辞めていくのですが、なかなか定着してくれないのは、実のところそのベテラン看護師に新人がイジメられているのが原因ではないかと院長先生も疑っています。


また、この看護師は、奥様が医院に来ても目も合わせず、ロクに挨拶もしないし、声にこそ出しませんが「何しに来たの？」と露骨に態度に表すそうです。

奥様にお話を伺ったところ、

「私も主人の医院を手伝わなきゃと思っているんです。でも、医院に行くと邪魔者扱いされているようで……。正直なところ、医院に顔を出したくないんです……」

とのことでした。


院長先生もこのベテラン看護師の扱いには、ホトホト困っているようでした。このベテラン看護師は、入社してしばらくの間は謙虚に振る舞っていたそうですが、開業当初からいたオープニングスタッフが一人、二人と辞めていくことにより、結局この看護師が院内では一番古株になり、院内における自分の序列が上がっていくにしたがって、どんどん態度が横柄になっていったそうです。

その看護師に対して院長先生は、「妻と仲良くして欲しい」と思ってはいるものの、相手はとても気が強く、変に注意してヘソを曲げられたら、その後の診療がとてもやりにくくなってしまいそうで、「彼女にどう接したらいいのか……」と頭を抱えていらっしゃいました。

① 医院スタッフよりも院長夫人の年齢が若い
② 院長夫人の性格が控え目
③ 院内に気の強いスタッフがいる

このような場合、院長夫人はどうすればよいのでしょうか？

人間関係のことでもありますし、「こうすべきだ」という正解を私は持っていません。しかし、院長夫人にはまずは勇気を出して少しでもいいから医院に顔を出し、できる範囲で構いませんからお仕事を手伝われることをお願いしたいと思います（具体的にどのようなお手伝いをするかについては、第Ⅴ章で詳しくお伝えします）。

どんなにスタッフの定着率が高い医院でも、スタッフは必ず辞めていきます（病医院の平均的な離職率は15％前後だといいます（ちなみに弊所の顧問先クリニックの令和2年の平均離職率は11.9％でした））。

私のこれまでの経験でも、医院に勤めているスタッフは、結婚、出産、ご主人の転勤、本人の体調不良や親の介護などの諸事情によって、数年後に大半の人が辞めていきます。

5年後も今いるメンバーが誰一人欠けることなく全員残ってくれている確率はどのくらいでしょうか？　私は限りなくゼロに近いように思います。

仮にあなたの医院の離職率が平均の15％だとした場合、5～6年も経てば今のスタッフの半数以上はいなくなって、奥様がベテランの部類に入りますよね。ですから、5～6年間は苦しく、辛抱が必要です。スタッフが退職すると医院の業務は大変になるし、人が自分たちの元から去っていくという意味では精神的にもつらいのですが、その結果、不幸中の幸いですが奥様の院内での序列は自ずと上がっていきます。当面のつらい状況がずっと続くわけではありませんのでご安心下さい（ゴールさえ見えていれば頑張れますよね？）。

気を付けてもらいたいのは、奥様がベテランスタッフに気後れしてしまい、ずっと医院に寄り付けなかった場合です。

スタッフが入れ替わっても、永遠に奥様がベテランになることはなく、つらい状態がずっと続くことになりますよね。

このまま医院のお仕事を手伝うことがなければ、また次に出現するボス的なスタッフに気後れしながら生活し続けなければなりません。

院長夫人には、勇気を出してほんの少しでもいいから医院に顔を出して、お仕事を手伝ってもらったほうが良い、という理由はここにあります。

医院に勤めるスタッフの本音

この本を執筆するにあたり、インターネットで「院長夫人」というキーワード検索をする機会が増えました。そして検索すると、院長夫人の悪口が出てくるわ出てくるわ……（びっくりしています）。

「美人の患者が受診に来ると、院長が浮気しないように診察室の隣でいつも見張っている」

「かわいいスタッフが入ってくるとイジメる」

ひどいものになると、

「スタッフの誕生日にケーキを差し入れることに命をかけている」

など。

本来は感謝すべきことまで悪意に受けとめているケースも見られます。「どうしてそんなひねくれた捉え方をしてしまうの？」というレベルの低い内容もたくさんありました。

「悪口を書き込むような人は、ちょと変わった人なんだろうな」と、あまり感情的にならず冷静に書き込みを眺めてみると、どうも書き込んでいる医院に勤めるスタッフは、良くも悪くも院長夫人の存在を強烈に意識しているようです。院長夫人の存在を強く意識し、一挙手一投

足をとても細かく観察しているように感じました。私が子供の頃、

「今日はお父さんは機嫌が悪いな」

「今日はお父さんとお母さんが仲良くしゃべっているな」

「今日の担任の先生は酒臭いな、二日酔いかな？」

といった風に、様子を細かく観察していたのと同じですね。

院長夫人がどのような気持ちで医院を手伝っているのかは、もちろん人それぞれだと思います。しかし少なくとも、スタッフの目には院長夫人は「経営者側の人」として映っていて、さらに同じ女性としても強く意識しているということだけは事実でしょう。これだけを見てもいつもみんなから一挙手一投足を観察されている院長夫人のお立場はとても大変なものとわかります。

経理や業務のことがまったくわからない!!

医院で行われる業務は医療行為だけでなく、日々の金銭の管理、レセプトの請求、銀行対応、労務管理、患者からのクレーム対応、患者を増やすための広報活動などさまざまです。

ご本人が医師や看護師である院長夫人は、元々が医療従事者であり、医療現場のことはわ

かっているけれどそれ以外のことはわからない、逆に前職が会社員で医療にはまったく従事したことがない院長夫人は、医院の業務については一切わからないという場合が多いかと思います。

次はご主人が5年前に小児科クリニックを開業された院長夫人のお話です。前職は看護師で、現在奥様は医院のお仕事を第一線でバリバリこなしていらっしゃいます。

「医院のお仕事をやってきて、今までで一番苦しかったことや、つらかったことは何ですか?」

と奥様に尋ねたところ、

「そうですねぇ。開業したばっかりのころは、経理や労務についてまったく何の知識もなかったことが苦しかったですね」

「といいますと?」

「いろいろなところからたくさん郵便が届くのですが、その郵便がいったい何なのか? お金の管理やスタッフの管理について自分が何をやったらよいのかまったく見当がつかなかったんです」

日々の金銭の管理はどうすればいいのか? 税務署やさまざまな役所、銀行や医師会からいろいろな郵便が届き、とりあえず書類に目を通してはみるものの、何が書いてあるのかさっぱりわからない。誰に尋ねていいのかさえわからない。仮に尋ねる相手がいたとしてもどう言葉に出して質問していいのかもわからない……。

確かに、医院を開業された方から「とにかく郵便物の量の多さに驚きました！」というお話を聞くことが多々あります。

医院のスタッフから、

「有給休暇はどうなっているのでしょうか？」

「先月のお給料、残業代が割増しになってないみたいなのですが……」

と言われることもあります。そのたびに、

「え？　何それ？　どういうこと？」

「そもそも、どうしてそんなことを聞いてくるの？」

奥様はご自身が看護師だった時代には、有給休暇をほとんど取ったことがなく、自分の残業代の計算には無頓着で、スタッフが言ってくる言葉の意味もわからなかったそうです（そもそも、奥様は医療人は患者さんを第一優先に考えるべきで、「休みたい」などと自分の都合を前面に出すべきではないというお考えでした）。

また、そもそも、「ウチみたいな小さなクリニックが労働基準法を守る必要があるの？」と本音では思っていたそうで、スタッフからこのような質問を受けるたびにずいぶんと戸惑ってしまったようでした。

奥様は、一通りの経理や労務の知識をマスターし、スタッフからの多様な要望について上手く対応できるようになるまでに3年くらいかかったとおっしゃっていました。

よくよく考えてみると、院長夫人が実践的な経理や労務について学べる機会はなかなかありません。そのようなことを教えてくれる講座が開かれているケースも少ないかもしれません。

「そのようなお困りごとがあるのなら、私にできることがあるのではないか？」

私は「院長夫人のための経理と労務」という動画コンテンツを作ることにしました（https://www.youtube.com/channel/UCjOXZ0H2x48MVMjxjfrH0KA）。ご関心のある方は、「医院経営の教科書」で検索いただければ幸いです。

ご主人（院長先生）との関係―夫の仕事が大変なのはわかっているが、夫にどう寄り添ってよいのかわからない

医院スタッフとの関係はもちろん大事です。しかし、院長夫人にとって最も大切なのは、ご主人との関係が良好であることではないでしょうか。私も日々、いろいろな方たちとさまざまな人間関係を持ちながら過ごしていますが、そうした中で最も大事な人は家族だと思っています。

私たちの日々の生活の基盤は、家族との関係性によって成り立っており、家族との関係性が良ければ、他のことで少しくらい嫌なことがあったとしても、とりあえずボチボチ幸せなのではないでしょうか？

しかし、ご主人はあなたの夫であると同時に、お子様の父親であり、医院の経営者であるなどさまざまな顔を持っています。ご主人の家での様子はわかっても、

「医院を経営することにどのような苦労があるのか？」

といったことは院長先生ご本人以外にはとてもわかりにくいものです。

そもそも何に苦しんでいるのか、当の院長先生本人が頭の整理ができずにイライラしている

ケースも多いように思います。

私は自分自身がイライラするときに、

「そもそも、いったい自分は何に対してイライラしているんだろう?」

「お金のことかな?」

「スタッフのことかな?」

「お客様のことかな?」

「将来に対する漠然とした不安かな?」

など自分自身のイライラの原因についていろいろと考えたりします。それでも結局、イライラの理由がわからないことのほうが大半ですが……。

以前、5歳の女の子と3歳の男の子を育児中のある院長夫人から、次のような相談を受けたことがあります。

「最近主人が開業したのですが、仕事がとても大変そうで毎日疲れきって家に帰ってきます。家の中でも表情が冴えず、あまり元気がありません」

「主人は嫌なことがあっても他人に弱音を吐かずに、じっと耐えるタイプで、私には主人にとって何が大変なのか想像がつきません」

「医療現場のことがわからない自分が、変なアドバイスをしてしまうのも主人に気が引けます。私は主人に、どう寄り添ったらよいのでしょうか?」

私自身のことを話しますと、税理士事務所を開業して初めて感じたのですが、開業すると自分の稼ぎだけで食べていかなければならず、明日の生活が保障されていたサラリーマンのころとはまったくタイプの違ういろいろな恐怖を感じていたように思います。

ご主人も、

「今月は患者が少なかったな」

「患者さんの病状が気になるな」

「あの患者さんは不満そうな顔をしていたな」

「近所で悪い評判が立たなければいいが」

「スタッフ同士の人間関係が良くないようだな」

「スタッフの誰かが辞めたりすると大変なことになるな」

「預金残高が減ってきているけど大丈夫かな?」


このようなことに日々不安を感じていたのだと思います。結果的に最悪の事態に遭遇することはほとんどありませんが、このようなことを「どうしようか?」と堂々巡りでずっと考え続けているのが経営者なのだと思います。

奥様が、経営者であるご主人の苦しみを、ご主人と同じくらいリアルに理解するのは難しいことです。そんな中で、私がお奨めするのは、**税理士事務所からの経営状況の報告の際に奥様も立ち会う**、ということです。

実は私どもの税理士事務所の顧問先様では、月々の医院の経営状況の報告に七割くらいの奥様が同席されます。

「経営報告に同席して、いったい私はなにをすればいいの？」

「難しい話をしていそうで、私にわかるかしら？」

と思われるかもしれませんが、心配する必要はありません。実はほとんどの奥様は私と院長先生との会話をニコニコしながら黙って聞いているだけです。

「一言も話さないんだったら、私が同席する必要があるの？」

と思われるかもしれませんね。しかし、税理士事務所の収支報告に同席すると、

「今、医院の状況がどうなっているのか？」

そして、

「その状況についてご主人がどう感じているのか？」

を感じ取ることができます。普段はあまり医院のことについて話したがらないご主人の場合、ご主人の日々の様子を奥様が知る絶好の機会だと思います。

「院長先生、先月は開業以来最高の売り上げでしたね！」

「ええ、そうなんですよ。スタッフも頑張ってくれて、とても感謝しています」

となればまずは一安心ですし、

「院長先生、新しく入った新人さんの働きぶりはどうですか？」

「面接のときの印象はとっても良かったんですが、実際に働いてもらうようになると、イマイチもの覚えが悪くって……。実はどう育てたらよいのか悩んでるんです」

となれば、

「新人が思ったように育っていないことに、ストレスを感じているんだな」

ということがわかります。

奥様は、税理士の私とご主人との会話を聞きながら、医院がどのような状況なのかを理解できるようになれば、ご主人への接し方もだんだんわかってくるのではないでしょうか？


たとえ、何もあなたにできることがなかったとしても、

「大変なのね。私にできることがあれば何でも言ってね」

と言ってもらえるだけで、ご主人の心はずいぶん楽になるものです。

「もし、すごく大変なことを主人から頼まれたらどうしよう？」

などと考える必要はありません。ほとんどの場合、

「ありがとう。もう少し頑張ってみるよ」

と言われると思います。


ただし、経営状況の報告に立ち会うときにひとつだけ注意があります。

「あなたがしっかりしていないからダメなのよ！」などと院長先生のヤル気を削ぐようなこ

とは言わないで下さいね。

「自分なりに苦しんでいろいろ試行錯誤しながら頑張っているのに上手くいかない」など自信をなくしているときになじられるのは、とてもつらいものです。奥様が、院長先生にダメ出しをしてしまう可能性があるなら、経営状況の報告に参加することはお控え願うことになります。

ここまで、私が日々感じている院長夫人のプレッシャーについてお話をしてきました。多感な年ごろのお子様にどう接したらよいのか、性格のきついスタッフへどう接したらよいのか、どう医院のお仕事に関わっていったらよいのか、ご主人との関係など悩みは尽きないと思います。奥様が感じるプレッシャーはかようにさまざまです。

しかし、少なくとも悩んでいるのはあなた一人ではなく、全国で約10万ある医院の院長夫人のほとんどがあなたと同じことで悩んでいらっしゃいます（この事実を知るだけで、少しは心が救われるのではないでしょうか？）。

また、院長夫人が感じるストレスの根本原因は、情報不足にあるように感じています。

情報が少ないと

「ウチだけがうまくいっていないのでは？」

とついつい考えてしまいます。

「そんなのは全然普通ですよ。うちなんかもっとヒドイですよ」

という話をしてもらえる身近な相談相手がいれば、その場でストレスはずいぶん軽減されるように思います。ちょっとした相談をできる相手がいないことが、実はストレスの元になるのです。何でも話せる院長夫人のお友達ができるのが一番好ましいと思いますが、そうしたお友達がいない場合はまずは学生時代の友人に話を聞いてもらうだけでもストレスはずいぶん減ると思います。

第Ⅳ章

さまざまな院長夫人の実態

この章では、私が今まで出会った素敵でエネルギッシュな院長夫人の方々を、さまざまなタイプに分けてご紹介したいと思います。

「自分はどのタイプに近いかな?」

「私が知ってるあの院長夫人はこのタイプだな」

などと考えながら読み進めていただければ、院長夫人という立場がより立体的に見えてくることと思います。

ご主人が医院の仕事を奥様に手伝って欲しくないと思っていたらどうすべきか

以前、弊所の顧問先の院長夫人にアンケートをとったところ、医院のお仕事をまったく手伝っていないという奥様の割合は約一割でした。医院のお仕事を手伝わない理由は、ご家庭の状況やご夫婦の考え方によってさまざまだとは思いますし人それぞれですから、それが良いとか悪いとかいうことではありません。

税理士事務所を妻と二人で力を合わせて経営している私にとっては、まったく血縁関係のない人よりも、家族である妻のほうが信頼できます（それに、妻には申し訳ないのですが、妻に手伝ってもらったほうが人件費の節約にもなるではないか？　とついつい考えてしまいます）。

しかし弊所の顧問先の院長先生でも、

「妻には医院の仕事を手伝って欲しくない」

とはっきり断言する方がいらっしゃいます。割合でいうと、10人に1人くらいはそのようにおっしゃいます。

「今度、歯科衛生士が辞めることになったので、求人を出すことにしました」

「そうですか。良い人が採用できるといいですね」

「でも応募が全然なくって、期限までに採用できるかどうか心配なんです」

「確か奥様は歯科衛生士でしたよね。もし採用できなかった場合は、良い人が採用できるまで奥様にピンチヒッターで衛生士業務を手伝ってもらったらどうですか？」

「いやあ、あまりウチの妻には医院に関わってもらいたくないんですよね。もし採用できなかったら、我慢して今のメンバーだけで頑張ります」

「せっかく奥様が歯科衛生士なのに、もったいないように思いますが……」

院長先生のお話を聞いていますと、決して奥様と夫婦関係が悪いとか、一緒にいたくないというわけではなく、どうも「仕事と家庭をはっきり分けたい」とか「自分の稼ぎを奥様に知られたくない」、「奥様はおっとりした性格なので手伝ってもらうと逆にイライラしてしまう」またはその逆で「奥様はきびきびした性格なのでスタッフと揉め事を起こしそう」などという気持ちが複雑に織り交ざっているようです。

「自分の稼ぎを知られたくない」とか「お金のことで心配をかけたくない」という気持ちは私にもなんとなくわかるような気がします（笑）。

ちなみに私は妻と仕事場でも家庭でも24時間365日一緒で、

「今日は○○医院の院長先生とこんな話をしたよ」

「税制が変わったので×××には気をつけなければならないよね」

「将来事務所をこんな風にしたいんだよね」

などなど、朝から晩までずっと仕事の話をしています。

私にとって、私が経営する税理士事務所は、私の人生そのものであり、人生における仕事の占めるウエートがとても大きいので、家でも仕事の話をするのは楽しいことばかりで、まったく苦になりません。

しかし、それは私のようなタイプの人に限ったことであって、みんながそうではなく、院長先生によっては嫌なのだろうなとも思います。


それでは奥様が医院のお仕事を手伝いたいと願っているにもかかわらず、ご主人から
「医院の仕事は手伝って欲しくない」

と拒否されてしまった場合、奥様はどうしたらよいのでしょう?

私は、ご主人が奥様に医院の仕事を手伝って欲しくないと思っている以上、奥様は医院の仕事を手伝うことはできないし、むしろ手伝うべきではないと思っています。

そもそも手伝うことを拒否されているのに、無理して奥様が医院のお仕事に関わることで、ご主医院や夫婦関係に良い影響があるとは思えません。奥様が医院のお仕事を手伝うことで、ご主人のイライラが増し、夫婦や家族の関係が壊れてしまうようであれば、逆にマイナスですよね。

医院の人手が足りていて、なおかつ医院経営が比較的順調な場合は、奥様は院長先生が家でゆっくりくつろげるよう、ご家庭をしっかり守ってあげて下さい。

しかし、「それじゃあ、私の人生は物足りない！」と思われる奥様もいらっしゃるかもしれませんね。そうした奥様には、次に紹介する院長夫人のケースが参考になるかもしれません。

40代で介護事業を起業し成功を収めた院長夫人

院長夫人（Aさん）のプロフィール

開業25年目の歯科医院の奥様です。奥様が会社員時代に知り合った開業医のご主人と結婚されました。奥様は二人の娘さんの子育てに専念する専業主婦でしたが、子育てにも目処がつき、だんだんやることがなくなっていきました。

Ａさんは、院長先生であるご主人と、高校生、中学生のお子様を持つ四人家族です。お子様が二人とも小学生の頃は、家事に加えて、お子様の習い事の送り迎え、ＰＴＡの役員などのさまざまな行事があったので、Ａさんはいろいろと忙しい毎日を過ごされていました。しかし、お子様が大きくなった現在では、Aさんのやることは家事だけになり、だんだん暇を持て余すようになってしまいました。

ただ、Aさんは45歳とまだまだ若い年齢です。それにAさんはもともと人に会うのが大好きで好奇心旺盛な方でした。結婚したばかりのまだお子様がいなかったころは、福祉のボランティアに熱心に取り組んだ経験があり、そのころのことをとても楽しそうに話されていました。

「結婚したばっかりで子供がいなかったころは、福祉に関するイベントの実行リーダーをやったことがあるんですよ」

「そうなんですね」

「市民会館に700人を動員したすごいイベントだったんですよ。とても楽しかったなぁ」

「700人ですか！　すごいですね！　圧巻だったでしょう」

「それに比べて今は何にもやることがなくて……。子供たちもどんどん手がかからなくなってきてるし、今はときめくものがないっていうか……」

「私このまま専業主婦で終わりたくないんです！　私も第二の人生を歩みたいんです！」

といつもおっしゃっていました。子育てもひと段落し、これから第二の人生を迎えるにあたり、Aさんは「これからは主人の仕事を手伝って、主人の役に立ちたい」と強く願っていらっしゃいました。

「主人の医院には改善すべきことがいっぱいあるんです。私が本気になって手伝えば、もっともっと良い医院になると思うんです」

これに対して、ご主人は「手伝わなくていい」、「医院には関わって欲しくない」の一点張りです。私が見たところ、Ａさんが医院のお仕事に関わるのを、ご主人は本気で嫌がっておいでのようでした。Ａさんも、とうとうご主人の医院を手伝うことを諦めたようです。そして私に、

「私、主人の医院を手伝うことを諦めました。それで、どんなに小さくてもいいから自分で会社を始めたいんです。相談に乗ってもらえませんか？」

とおっしゃいました。

そこで私は、Ａさんと一緒にＡさんの第二の人生を考えることになりました。

「どんな業種に興味がありますか？」

「そうですね。喫茶店とかいいですね。うどん屋もいいかな。それとやはり福祉のお仕事にも興味があります……」

Ａさんのアイデアは尽きません。これから始まる第二の人生にとてもワクワクされているようでした。

その後いろいろな伝手《つて》をたどって、さまざまな会社を見学に行くことにしました。なお、どのような会社を始めるかは、次の2つの観点で考えました。

① 少額の初期投資で始めることのできる事業はないか？
② 生きがいを感じてワクワクできる事業はないか？

少額の初期投資にこだわったのは、その時点では私はAさんの経営手腕をまったくと言っていいほど信頼しておらず、もし事業に失敗して廃業したときに、取り返しがつかない額の借金を背負うことがないようにと思ったためです。

なるべくお金がかからず、生きがいを感じることができる事業はないかと検討した結果、訪問介護事業の会社を立ち上げることになりました。

しかしAさんには、訪問介護事業についての経験やノウハウがありません。そこで、開業の立ち上げについては訪問介護のフランチャイズに加盟して指導を受けることにしました。訪問介護であれば、小さなアパートを借りて事務所にし、ヘルパーさんを数人雇えば事業を開始できます。

フランチャイズに加盟すれば加盟金や月々のロイヤリティーはかかりますが、その代わりに本部からスーパーバイザーがやってきて、事務処理のやり方や営業活動、スタッフへの研修などを細かいところまで指導し、面倒を見てくれます。また、お子様の学費や日々の生活費はご主人が歯科医院で稼いでくれますから、社長である奥様の給料は、会社にきちんと利益が出るようになるまでは無給でも大丈夫です。シミュレーションをしたところ、最初の投資額は300万円程度でした。

「初期投資の300万円はどうするんですか？」と尋ねたところ、Aさんは「実は主人に内緒のへそくりがありまして（笑）」と笑っておいででした。

その後、私の予測は良い意味ではずれました。Aさんの訪問介護事業はどんどん成長していったのです。信じていたスタッフに裏切られたり、スタッフの退職に伴い、ご利用者様を次の転職先にごっそりと持っていかれたり、これまでいろいろなご苦労や会社の危機があり、決して順風満帆だったわけではありません。そんなご苦労があるたびに、

「私、経営者に向いてないんです……」

と落ち込んでいらっしゃいました。しかし、それから10年経ち、今ではもともとの訪問介護事業に加えて、就労支援施設やグループホームなども併設する年商2億円、パートさんを含めて従業員総勢70名の立派な会社に成長させています。地元市役所の老人福祉課を管轄する方たち

からの信頼も厚く、

「次は社会福祉法人を作ってもらえませんか？　市役所も応援しますよ！」

という声もかかっているそうです。


Aさんのケースは少々極端なケースかもしれません。しかし、ご主人が奥様に医院の仕事を手伝って欲しくないという場合でも、奥様にはご自分で起業し、自分の人生を切り拓いていくという道もあるのです。

「主人から医院を手伝って欲しくないと断言されたときはショックでした。でも、それがきっかけで自分の会社を興すことができました。子供たちの学費や日々の生活費は主人が稼いでくれるので、私はお給料を取らずに、その分を人材の採用など将来の投資に回すことができました。だから会社が思ったよりも速いスピードで成長していったのだと思います。今では本当に主人に感謝しています」

Aさんはそうおっしゃっていました。


院長夫人が医院のお仕事を手伝わず、専業主婦になる場合、お子様が小さいころは塾の送り迎えやお料理、掃除、洗濯などの家事といろいろ忙しいかと思います。しかし、お子様が中学生になり、子育てに目処がつき始めたころから、心の中にぽっかりと穴が開くように感じることが多いようです。一番下のお子様が中学生になったとき、自分は何歳なのか？　そしてその先の人生をどう生きていきたいか？　院長夫人のみなさんには、事前に考えておいていただいたほうが良いように思っています。

ちなみに、人が活き活きとした一日を過ごすためには、だれか他の人と過ごす時間が一日に6時間必要だそうです（『幸福の習慣』（ディスカバー・トゥエンティワン　森川里美訳））。つまり、毎日6時間以上人と関わる時間を持てば人の幸福度は上がり、ストレスや不安は小さくなるそうです。子育てが終わった時に、6時間以上人と関わる環境を作るための準備をされてみてはいかがでしょうか？

厳しく接してスタッフに嫌われた院長夫人

院長夫人（Bさん）のプロフィール

奥様は開業1年目の歯科医院の院長夫人です。医院は自宅兼診療所になっています。奥様の前職は看護師でした。

院長先生であるご主人の性格はとても穏やかでのんびりしたタイプなのに対して、Bさんはハキハキとものを言い、どちらかというと気性が激しいタイプの方でした。

院長先生は開業当初から、Bさんには医院のお仕事を手伝って欲しくないと考えておられました。おそらく奥様は気性が激しいのでスタッフと衝突すると思われたのでしょう。医院は開業して半年が経っても患者さんが増えず、売り上げが上がりませんでした。

「院長先生大丈夫ですか？　患者さんが増えるように、何か対策を打たないとマズいと思いますよ」

私が心配して言うと、院長先生は、

「そうですねぇ……」

と、あまり気にしていない様子でした。

開業して以来、預金の残高はジリジリと減る一方で、このままの状態が続くと、開業時に銀行から借りたお金はあと半年後には底をつきそうです。とうとうBさんが結婚前の看護師時代に貯めた貯金300万円にまで、手を付けなければならないという状況に陥ってしまいました。

それまでBさんは医院のことには口出しを控えていたのですが、自分の看護師時代に節約しながら貯めた貯金まで医院経営のための資金に投入するとなると、今までのように黙ってはいられません。これを機会にBさんも医院の仕事を手伝うようになりました。

ところが医院に入ってみると、自分の看護師時代の貯金を切り崩すほど医院経営が厳しい局面なのに、スタッフにはその状況がまったく伝わっていないようでした。業務中に雑談をしながら笑っていたり、のんびりとした仕事ぶりがとても気になります。そこで人件費節約のため、患者さんが増えるまでは自分が受付に入ることをBさんは決めました。

Bさんはさらに、出勤するスタッフに、忙しい日と忙しい時間帯だけしか出勤しなくてよい、と伝えたそうです。その結果、スタッフからは「患者さんが少ないのは院長の経営責任であって、私たちの責任ではないのに、なぜ私たちがこのような目に遭わなければならないんですか？」というクレームが上がってきました。

スタッフはとうとう、「これからも奥様が医院に来るのであれば全員で辞めます！」と、院長先生に直訴するにまで至りました。さすがにのんびり屋の院長先生も、これにはホトホト困ってしまったらしく、当面の資金繰りについては銀行からの追加融資を受け、Bさんの貯金に手を付けることはしないので、その代わりにBさんに医院のお仕事を手伝うのを辞めてもらうことにしました。

このケースに限らず、患者さんが来ないので収支が悪くなり、賞与が払えない（あるいは昇給ができない）ことをスタッフに伝えると、「患者が来ないのは私たちの責任ではない！」と反発を受けることは多いものです。

最近では、コロナウイルスの感染拡大により収支が赤字となってしまった病院が、「ボーナスを払えない」と伝えたところ、看護師さんが大量退職しそうになり病院の存続の危機に陥ったという話もありました（結果的にボーナスを支給するということで、大量退職は免れたようですが）。経営が赤字であるのにボーナスを要求され、そして赤字なのにスタッフにボーナスを払う。このようなケースは事業規模の大小の違いはあっても、とても多いように思います。

この件について、私が思うのは次のことです。

●Bさんご自身のこと

患者が少ない責任を、スタッフに取らせるのは良くありません。経営者がスタッフに望んでよいことは、「勤務時間中に真面目に働いてもらうこと」だけです。患者が少ない以上、スタッフがやることがなくのんびりしているのは、ある意味仕方ないことです。

別の医院での出来事なのですが、スタッフに「今年は業績が悪いのでボーナスは出せません」と院長先生が伝えたところ、スタッフからは、「私たちは決められた時間に必ず出勤して手を抜かずに働いています。患者が少なくて売り上げがないのは院長の責任だと思います。私たちにも生活がありますからボーナスは出してもらわないと困ります」と反発されました。この医院の院長先生は「どうしたらいいんだろう?」と頭を抱えていらっしゃいました。

私も若いころは、「なんてお金にうるさいスタッフなんだろう!」とがめついスタッフに憤りを感じていました。しかし、その後も多くの院長先生から、何度も同じような相談を受けるたびに「これって意外によくあることなんだな」と思うようになり、今では「患者さんが少ないのは院長の経営責任であって、私たちの責任ではない」というスタッフの言い分は、むしろ理が通っているようにさえ感じています。

厳しいことを言うようですが、患者さんを増やすのはあくまでも院長先生の仕事で、スタッフの仕事ではない、そのように思います。

●スタッフのこと

そうは言っても実際のところ、「患者さんが少ないのは院長の経営責任であって、私たちの責任ではない」と開き直り、徒党を組んで「全員辞めます」などと院長先生を脅してくるスタッフがいると、ウンザリしますよね。

特定のスタッフがみんなを扇動しているのでしょう。本来大人であれば、院長先生に不満がある場合、「私は個人的に不満を持っています」と言ってくるべきだと思います。

みんなで口裏を合わせて、

「不満を持っているのは私だけじゃなくて、スタッフみんなの総意です（だから悪いのは私たちじゃなくて院長先生なんです）」と言ってくるのは、とても嫌な感じがします。

逆に、本当に患者さんが増えた場合、今度は忙しさに耐えきれずに辞めていくスタッフも出てくるのではないでしょうか。暇でも忙しくてもどうせ辞めていくのであれば、むしろ医院が暇な今、辞めてもらっても構わないのではないでしょうか。

●院長先生のこと

私自身はちょっとしたことでも不安を感じやすい性格ですから、税理士事務所の預金残高が減ってきたら、

「ヤバい！　何とかしなければ！」、

お客さんが増えないと、

「どうしよう！　次の手を打たなければ！」、

などと焦ってしまうのですが、育ちが良い方が多いからでしょうか、もともとおっとりしているのか、患者さんが来なくても、あまり動じないドクターの方が結構いらっしゃいます。

Bさんのご主人もそのタイプで、気分が安定しており穏やかなのはとても良いことなのですが、患者さんを集めきれないと、売り上げが上がらず赤字となりますし、お金が減っていくことは、結果的にいろいろなトラブルを院長先生にもたらします。

今回のケースでは、

①　夫婦関係がおかしくなる

②　スタッフが反発してくる

などです。

①は、医院の運転資金が底をつき、その結果、奥様の貯金に手を付けることになったことで

生じました。お金さえあれば、奥様の貯金に手を付けることにならなかったはずですよね。

②のスタッフからの反発がお金がないことが原因だというのは、少々わかりづらいかもしれません。お金がないと経営者はお金を払うという行為を怖がるようになります。

「うわぁ……、このスピードでお金が減っていくと怖いなぁ……」

私も以前はそう思っていました。

しかし、お金が減っていく中でも、スタッフへの給料は絶対に払わなければなりません。だから働きが悪いスタッフに対しても、渋々給料を払うわけですが、「ちゃんと働いてよ」などと内心では思っています。そうすると、言葉にこそ出さないもののスタッフに対する責め心が日に日に強くなっていきます。

言葉には出さなくても、私が給料を渋々払っていて、イライラしているというのは、スタッフにはすでに気づかれています。つまり、お金がないことで強くなるスタッフへの責め心は、スタッフに伝わってしまい、スタッフが反発してくるのです。

「(お金がないのに) 暇でボーッとしているスタッフが許せない」、「(お金がないのに) 自分たちの有給や残業代などの権利を主張してくるスタッフが許せない」「(お金がなくて) 私たちがこんなに苦しい思いで節約生活をしているのに、大して働かずに給料を当たり前にもらうスタッフが許せない」など、お金がないと心の余裕がなくなると同時にスタッフへの責め心がどんどん強くなっていきます。そうして院内の雰囲気がギスギスしている例が実は多いのです。

開業時の院長先生の仕事は、「患者さんに丁寧な医療をする」ことも大事ですが、それ以前に「医院の収支を軌道に乗せる」ことはもっと大事です。

「お金、お金」というと「医療はお金じゃない！」と抵抗を感じられるかもしれません。しかし、開業時に限っては、綺麗事では済まされません。「お金」はとても大事です。

私は、これまでいろいろな医院の経営を見てきましたが、医院で起きるさまざまなトラブルのほとんどは、「お金がない」ことが根本原因だと思っています。

お金がないから、生理的欲求や安全の欲求など低い次元の欲求に支配されてしまい、周りへの感謝の気持ちを感じられなくなり、そのことが自然といろいろな形でトラブルとなって現れてくるのだと思います（図表「マズローの欲求5段階説」参照）。お金が十分過ぎるほどあれば、別に意識をせずとも自己実現欲求が出てきて「スタッフに昇給してあげたいな」「どこかに困っている人がいたら寄附をしようかな？」

■マズローの欲求5段階説

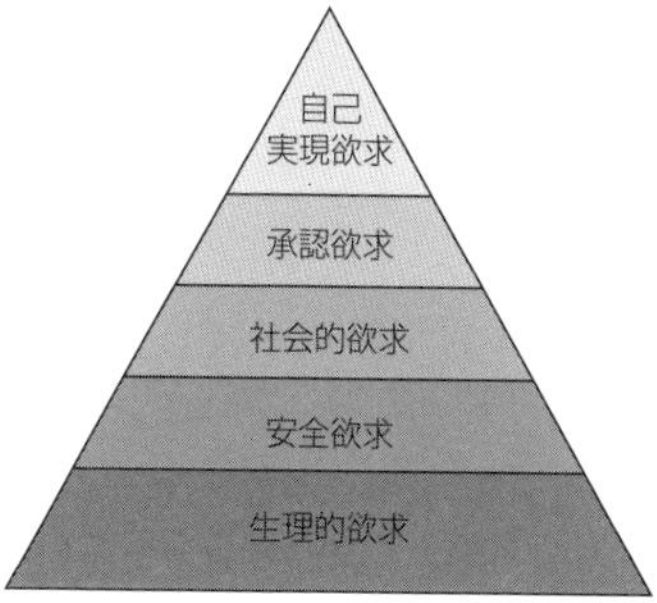

「もっともっとたくさん納税することで社会に貢献しようかな」などと自然に考え始めます。

「お金を持っていない経営者は自分自身が低次元の欲求の中で生きていかざるを得ないため悪人になりやすく、お金を持っている経営者は高次元の欲求の中で生きていくため善人になりやすい」。

「お金、お金」というと抵抗感を感じる方も多いと思いますが、私はそのように思っています。

ちなみに、診療報酬が以前よりは下がったというものの、医院経営は国の医療保険制度に守られています。それにいろいろな顧問先を見ていると、院長先生のヤル気次第で「年収1000万円~2000万円程度のお金持ち」になることは、それほど難しくないように思っています。


ところで、Bさんはその後どうなったでしょうか？　Bさんは、医院を手伝わずに家事に専念することになりました。今は二人の子宝に恵まれ育児に専念中です。医院のお仕事にはノータッチとなり、その代わりにご自分の人生を楽しんで歩んでいらっしゃいます。

奥様が、税理士事務所と社労士事務所の窓口

医院の現場は手伝わず、日々のお金の管理や銀行振込、経理書類のとりまとめ、税金の支払い、スタッフの入退社があったときの社労士事務所への連絡など、もっぱら裏方に回りながら医院のお仕事を手伝っていらっしゃる奥様も多いと思います。

私の顧問先の医院でもこのような奥様は一番多く、院長夫人へのアンケートの結果では4割ほどの奥様がこうした医院の裏方のお手伝いをされています。

特に小さなお子様がいらっしゃる場合は、どんなに医院のお仕事を手伝いたくても時間の制約上、スタッフと同じシフトの中に組み込まれて仕事をする、というような関わり方は難しいでしょうし、院長先生ご自身も、子育てや家事で大変な奥様には無理をしてまで医院の仕事を手伝って欲しいとは望んでいないと思います。

ただし、今それでよくても、子育てもいつかは終わります。お子様が中学受験をし中学から寮に入ったりすると、意外に早く子育てが終わります。お節介なようですが子育てが終わった後のことを、今から考えてみてはどうでしょうか？

仮に一番下のお子様が今、小学一年生だとします。今でこそ子育てに手がかかるものの、あ

と2～3年もしたらお稽古事や学習塾に自分で行けるようになります。

「さて、そろそろ主人の医院のお手伝いができるかな」

と思って医院にやってきても、すでにご主人の医院のシステムはある程度出来上がっており、

「何しに来たの？」

と他のスタッフから思われ、今さらスタッフに
「医院の仕事を教えてちょうだい」

とも頼めず、医院の中に奥様の居場所がなくなってしまう可能性があります。

ここで、子育て中と子育てが終わってからの奥様の居場所について、恥ずかしいのですが私の妻の過ごし方についてご紹介したいと思います。奥様方のご参考になるところがあれば幸いです。

私の妻のプロフィール

税理士事務所開業時、妻は34歳で3歳の長男の育児中でした。前職は会社員で税理士事務所での勤務経験はゼロでした。妻は以前は税理士を目指して受験をしていましたが、息子の誕生を機に断念しています。

子育て期間の過ごし方

私が税理士事務所を開業したのは私が40歳、妻が34歳、息子が3歳でようやく幼稚園の未就園児クラスに入るころでした。息子は幼稚園に通っているとは言うものの、朝は9時に家を出て昼の2時過ぎには家に帰ってきます。

妻が自由になる時間はほとんどありません。息子が家に帰ってくるとおやつを食べさせ、近所の公園に連れて行き息子を遊ばせます。そして晩御飯の準備をしてお風呂に入れて、絵本を読んであげて寝かしつけて……。そんな子育て中心の生活をしていました。

息子が小学校に入学すると、ピアノ、水泳、サッカーなどいろいろな習い事が始まり、送り迎えも大変です。特にサッカーは週末に練習試合があり、遠征のために保護者が当番で車出しをしなければならなかったので、週末もゆっくりできません。また子供の学校行事の役員は、専業主婦に優先的に回ってきますので、学校行事の役員なども引き受けていました。現在子育て中の奥様は、多少の違いはあっても、大なり小なりこのような毎日を過ごされているのではないでしょうか？

そんな中で、今思うと「あのときはよく頑張ってくれたなぁ」と思うことがあります。

子育てしながらスキルアップ

妻はそれまで、税理士事務所に勤めた経験がなく、最初はまったくの素人同然でした。しかし子育てをしながらも、暇を見つけて税理士事務所の給与計算や金銭の管理など、税理士事務所の総務的な仕事を手伝ってくれていました。

幼稚園に通っていたころは何かと手がかかった息子も、小学校の三～四年生くらいになると、友達ができて、放課後はみんなと遊ぶようになり、逆に妻は自分の時間が少しずつ持てるようになりました。そのころになると、税理士事務所へ顔を出す回数も増えてきて、今までできなかった年末調整や法人の決算、個人確定申告など、専門性の高い税理士事務所の業務についてもできることが少しずつ増えていきました。

現在、息子は高校生となり寮に入っていますので、子育てにかかる時間はゼロです。妻はもっぱら仕事中心の毎日です。息子が小さい時期に税理士事務所の仕事を手伝うことがなかったら、今のようなスキルアップは、できなかったと思います。

ママ友をスカウト

息子は小学校一年生になると同時に、近所の草サッカーチームに入部しました。そのサッカーチームは監督やコーチも近所のボランティアで成り立っており、保護者も平日は子供たちの練習の見守り、週末は遠征試合があるために子供たちの送迎をしなければいけませんでした。周りの大人全員がボランティアで参加することによってサッカーチームの運営が成り立っていました。そんな中、保護者の中でも特に献身的にみんなが嫌がることを引き受けてくれるママ友（Cさん）がいました。家でも妻はいつもCさんのことを「すごくいい人」だとほめていました。

「週末の練習試合の送迎は、いつもCさんがやってくれているんだよね」

「へぇ、そうなんだ。そういう人にうちの税理士事務所で働いてもらいたいね」

と私が冗談で言うと、妻は本気にしたようで、さらにCさんが簿記2級とファイナンシャルプランナーの資格を持っていること、結婚する前は、会社の経理をしていたことなどを聞き出してきました。

「そういう人であれば、ぜひうちで働いてもらいたい！」と思い、私も本気になってCさんを熱心に口説き落とし、うちでパートさんとして働いてもらうことになりました。今では入社7年目のベテランスタッフとして頑張ってもらっています。新人さんのお世話など、途方もなく手のかかる仕事を嫌がることなく自発的にやっていただき、本当に助かっています。

世間では「看護師不足」とか「歯科衛生士不足」と言われており、「どうやったら看護師や歯科衛生士を採用できるのか？」と頭を抱えていらっしゃる方も多いと思います。しかし視点を変えて、子供の保護者会などに参加してみますと、以前は看護師だったとか、歯科衛生士だったという方が意外と多いのに驚きます。

私も、息子の中学校の運動会の際に、学校に出入りする車両の誘導係をしたのですが、一緒に誘導係をしたお母さんの前職は歯科衛生士でした。車両の誘導係とはいうものの大した仕事もない中で、一日中ずっと一緒ですから、いろいろな雑談をします。その際に、「子供ももう中学生になったので、そろそろ働きたいな」と言っていらっしゃいました。

小学校のころの息子のサッカーチームの父兄でも、どうしてなのか理由はわかりませんが、看護学校に通っているお母さんが数人いたようです（子供が中学生になるとお金がかかってくるので、その時にしっかり稼げるように準備していたのでしょうか）。

利害関係のないママ友同士の間で積極的に声をかけて、「このママはどのような人なのか？」とじっくり観察し、人柄がよく、仕事ができそうであれば積極的にスカウトする。このような奥様の活動で医院の人材不足は解決できるかもしれません。お子様が中学生になるころからは、子育ての手も空きますが、今度は学費がかかってきますので、将来的には正社員として働いてもらえる可能性も高いと思います。

税理士の免許を取得

そもそも妻との出会いは、私が社会人を対象とした簿記学校の講師をしていたころ、妻が受講生として私の授業に出ていたことでした。私たち夫婦の初対面は私は講師で妻は受講生という関係でした。

妻曰く、まったく授業を理解していない受講生に対して、嫌な顔をせず一生懸命に簿記を教える私の姿に惹かれたそうです（笑）。

さてさて、話を戻しましょう。妻はもともと税理士を目指していたのですが、なかなか合格できず、私と結婚し息子が生まれると同時に、税理士になることを断念してしまいました。ですから正確な言い方をすると、「以前断念していた税理士の資格受験を、子育て中に再開してくれた」ということになります。息子が小学六年生になると、ほとんど手がかからなくなり、税理士受験の勉強を再開したのです。その後、何度も不合格になりましたが、勉強を再開してから4年後に合格することができ、今では税理士として頑張っています。

子供が小さくても、自分のできる範囲で仕事のスキルを磨き続け、子供のサッカーチームで仲良くなったママ友をスカウトし、子育てが終わって職場に戻るときに備えて勉強をしてくれた妻には本当に感謝しています。子供が生まれてから中学を卒業するまでの15年間に、妻が上手な時間の過ごし方をしてくれたから、今の私があるのだと思っています。

奥様は誰よりもハードワーカー①
幼い子供を義父母に任せてガッツリ働く

ほぼ毎日医院に出勤し、看護師業務、歯科衛生士業務、医院受付のお仕事をしながら、スタッフに指示を出し、自ら現場を引っ張る院長夫人もいらっしゃいます。弊所の顧問先医院の院長夫人アンケートでは五割の方が、ほぼ毎日医院に出勤して患者対応などの医院の現場を手伝っていらっしゃいます。

このような院長夫人は、もともと医師、歯科医師、看護師、歯科衛生士などの医療従事者である場合が多いです。結婚する前から病院やクリニックなど、医療の現場でリーダーシップをとられていたのでしょうね。

「前からものすごく仕事ができる人だったんだろうな」

「院長先生はそんな奥様の『男前さ』に惹かれて結婚されたのかな？」

などと勝手な想像を膨らませています（笑）。

ここでは医院の最前線に立ち、現場でリーダーシップを見事に発揮し、活躍する二人の院長夫人をご紹介したいと思います。

院長夫人（Dさん）のプロフィール

開業8年目の歯科医院の奥様で、歯科衛生士です。開業当時（8年前）は4歳と2歳の子を持つ母でした。ご主人の実家の近所に住んでいて、開業時から子供の保育園への送り迎えはご主人のご両親に頼み、奥様は歯科医院のチーフ衛生士として仕事を手伝っています。

幼いお子様がいらっしゃる院長夫人の場合、一般的には子育てに専念し、経理書類の整理や銀行振込など、医院の裏方の業務をするのが普通のように感じてしまいますが、Dさんは違いました。Dさんには4歳と2歳の小さなお子様がいらっしゃいますが、近所に住んでいる義父母（院長先生のご両親）にお子様の面倒を見てもらっています。

詳しくお話を聞いてみると、義父母に保育園への送り迎えを頼み、保育園が終わった後も家でお子様の面倒を見てもらっているそうです。そしてDさんは日中は歯科衛生士のチーフとして、ご主人の歯科医院で働かれています。

Dさんは、

「私、あまり難しいことはわからないので……」

と医院の収支にはあまりご興味がないようで、私が訪問した際の医院の収支報告には同席されません。その代わりにスタッフとお昼休みを一緒に過ごされています。私が院長先生へ医院の経営状況を報告している最中、隣のスタッフルームから「キャッキャッ」とDさんの笑い声が漏れてきます。

「スタッフのみなさんととても仲がいいんだな」

そんな雰囲気が伝わってきます。

このように、私は院長先生とお会いするだけなので、Dさんとは実は接点があまりなかったのですが、

「何ひとつスタッフと変わらずに働く院長夫人もいらっしゃるのだな」

といつも感心していました。おそらくDさんは、

「私がスタッフのとりまとめをしよう」

とか、

「スタッフと積極的にコミュニケーションをとろう」

と意識されているわけではないと思います。おそらく、みんなと楽しく働くのが根っから好きなんだろうなと私は思っています。

この歯科医院は、患者さんも多いので収支もよく、開業してからわずか1年半で医療法人になりました。

ちなみに、開業してからわずか1年半での医療法人化（※）は、弊所では最短記録で未だに破られていません。

このように開業当初から患者さんも多く、医院の収支が抜群に良かったのは、Dさんがスタッフをとりまとめていらっしゃったことも大きな要因であったと私は思っています（おそらくご本人は無意識のうちにそうされているのだと思いますが）。

現に開業して1年以内に退職したスタッフはゼロでした。Dさんが院長夫人という経営者側の人であるにもかかわらず、幼い子供を義父母に預けて働いている姿を見ると、スタッフも「家庭と仕事の両立が難しいんです」などの愚痴や泣き言を言う気にはならないのでしょう。

※医療法人化について

弊所では医療法人化は、個人医院のうち少なくとも年間の課税所得が1000万円以上（つまり多額の税額が発生する）場合にのみお奨めしています。医療法人になると節税効果が見込まれ、安くなった税金を元にさまざまな医療機器などに設備投資がしやすくなるとともに社会的な信用性が高まります。

奥様は誰よりもハードワーカー②　みんなが嫌がることを率先して行う

院長夫人（Eさん）のプロフィール

開業5年目の歯科医院の奥様です（奥様の前職は看護師）。奥様は医院では歯科助手として、経理・総務・人事・労務・広報・受付・診療補助などほぼ全ての業務を行っています。

Eさんは院長先生と一緒に朝一番に出勤し、診療が終わってスタッフが帰ったのを見届けた後、院長先生と一緒に帰宅されます。とても医院をよくまとめておいでで、スタッフからの信頼も厚いように感じましたので、

「どんな毎日を過ごしているんですか？」

とEさんに尋ねたところ、

「自分なんか至らないことばかりで……」

と言いながらもご自分の日常について、いろいろ話して下さいました。

朝はスタッフと一緒に掃除

Eさんは、院長夫人だから何もしないとは思われたくないので、朝はスタッフと一緒に医院の掃除をするそうです。以前勤めていた医院の奥様が、たまにやって来ては「掃除ができていない！」とスタッフを叱っていたのがとても嫌だったそうで、そんな経験から「主人が開業したら自分もスタッフと一緒に掃除をしよう」と決めていたそうです。

クレーマー患者への対応

医院をやっている以上、残念ながら理不尽なクレームを言ってくる患者さんが何人かはいるそうです。受付で大声を出したり、診療中に言いがかりをつけてくる患者さんがいるとスタッフが恐がるので、そのような場合は院長先生と奥様がタッグを組んで、スタッフをクレーマーから守っているそうです。Eさん、とても男前です（笑）。

昼休みはスタッフと一緒にご飯を食べる

午前中の患者さんが多く、昼休みの時間になっても患者を診なければならない場合は、残りの患者さんがあと数人になったのを見計らって、スタッフには昼休みに入ってもらい、院長先生と奥様の二人で診療をするそうです。

また、昼食はスタッフと一緒に食べ、他愛もない話をしながらスタッフ一人ひとりの悩みやプライベートでの心配事がないかなどを把握されているそうです。ただし昼食後に昼寝をするスタッフもいるので、食べ終わると気を遣って院長室に戻るそうです。

ピザやお菓子の差入れ

患者さんが多かったり、スタッフが手薄でとても忙しかった日の翌日は、昼食の際にピザをとってみんなに振る舞うそうです。また、銀行などに外出した時はお菓子やアイスの差入れを買ってくるそうです。

Eさんご自身は、

「できていないことばかりで全然うまくいってないんです」

「むしろ他の院長夫人にいろいろ教えてもらいたいくらいです……」

とおっしゃいます。これは決して謙遜ではなく本当にそう思っておられるようです。

Dさん、Eさんお二人とも「自分は頑張っている」という感覚はないようで、むしろ「これでいいの?」と悶々と悩みながら毎日を過ごされています。

「凄いですね!」と私が感心したことをお伝えすると、「え!　そうなんですか?　私頑張っているほうなんですね!　嬉しい（笑）」ととても喜んでおいででした。

奥様は誰よりもハードワーカー③

奥様が実質的な経営者で、医院経営の全てを仕切る

（当たり前のことですが）医院の開設者は院長先生ですから、医院の経営者は、ご主人である院長先生になります。しかし、実際は医院経営は院長先生と院長夫人がお二人で力を合わせてされていることのほうが多く、中には院長夫人が、院長先生よりも熱心に医院経営に取り組んでいらっしゃるケースもあります。最後にそのような奥様を紹介したいと思います。

院長夫人（Fさん）のプロフィール

Fさんは開業3年目の整形外科の院長夫人です。医院では経営全般を担い、約40名のスタッフを束ねています。Fさんの前職は看護師です。Fさんの子供のころからの夢は院長夫人になることだったそうで、「開業したくない」というご主人を説得して、開業に踏み切らせました。

Fさんは「院長夫人」になることが子供のころからの夢だったそうです。そして、その夢をかなえるために看護師となり、勤務先の病院で将来性のありそうなドクターとお付き合いし、結婚したという稀に見る超肉食系女子です（笑）。

Fさんのご主人は、

「勤務医のまま一生病院に勤めてやっていこう」

「開業はしたくない」

と思っていたそうですが、嫌がるご主人を、

「診療以外のことは全て私がするから、あなたは診療だけしてくれればいいわよ」

と説き伏せて開業に踏み切らせたそうです。

Fさんは開業場所の選定、建築会社との打ち合わせ、スタッフの採用面接、労務管理、広告戦略など、コンサルタントが顔負けするくらい、医院経営に関するあらゆることを自分で決めて実行に移していきます。

「以前、ある地区の患者さんが少ないことに気づいたんです。そこでチラシを作成してポスティングすることにしました」

Ｆさん自らポスティングしている最中、その家の住民に、

「なにを勝手にチラシを入れてるんだ！　って怒鳴られたんですよ」

と笑っておいでてでした。

なかなかそういう方はいらっしゃらないと思います（笑）。私は草食系な人間ですから、ポスティングすることだってかなり勇気が要ります。ましてやポスティングの最中に怒鳴られたら、シュンと落ち込んでしまいそうです。

弊所からの経営状況のご報告も、奥様のみに行い、院長先生は同席されません。税務顧問をさせていただいてすでに3年ほど経ちますが、実は院長先生とは関与開始時に一度お会いしただけです。当事務所のことを調べてお問い合わせをいただき、「税務顧問をお願いします」と正式なご依頼を下さったのもＦさんでした。

今は整形外科のクリニックですが、Ｆさんは将来は今のクリニックの隣に内科を併設したいそうで、どうしたら内科のドクターを採用できるのかを検討されています。すごい（笑）。

院長夫人の時給

ここまでさまざまな院長夫人をご紹介してきました。ご自分に近いタイプの方はいらっしゃったでしょうか？　似たところもあるけど、自分とはちょっと違うかなぁという方がほとんどだと思います。

当然のことかと思います。「院長夫人」とは「開業医の妻」という立場に過ぎませんので、その院長夫人という立場の中で、どのような毎日を過ごされるのかは人によって千差万別だと思います。また、「私はこんなに頑張れない！」と思われた方も多いかもしれません。しかし結局は医院が上手く経営できていて、あなたと家族が幸せならばそれでいいのです。無理をする必要はありません。

ここでご紹介した院長夫人のエピソードは、今まで私がお会いした数多くの院長夫人の中の5％くらいの方のお話になりますが、面白いことにご紹介した奥様方はみなさん、「自分のやり方がベストだ」などとは思っておられず、「日々これでいいのだろうか？」と悶々としながら過ごされています。

さまざまな院長夫人の生き様に触れながら、自分らしい院長夫人とはどういうものかを考えるきっかけになれば嬉しく思います。

なお本章の最後に、院長夫人が医院のお仕事を手伝う場合に、どの業務を自分が行い、どの業務は外部の専門家に委託するか？　についての判断基準についてお伝えしたいと思います。

奥様が医院の裏方のお仕事を手伝う場合、経理書類の整理や銀行振込は院長夫人が行うのが一般的です。それではスタッフの給与計算やスタッフの入退社に伴う、健康保険や厚生年金の加入（もしくは脱退）手続きも奥様が行うべきでしょうか？　それとも社労士事務所に頼むべきなのでしょうか？

そこを判断するためには、まず第一に奥様が自分自身の**時給（＝時間単価）**を設定する必要があります。

「え？　私の時給？」

と思われたかもしれませんが、これは大事なことです。

院長夫人の時給がいくらなのか？　を設定することによって、「自分がやるべきか？」「人に頼むか？」どうかの判断がしやすくなるのです。

仮に給与計算にかかる時間が3時間、院長夫人の時給を1万円だとすると、給与計算を院長夫人が行うコストは3万円（3時間×時給1万円）ということになりますよね。

もし、社労士事務所や税理士事務所などのプロに任せた場合の料金が3万円以下であれば、プロのほうがミスが少ないですし、プロに任せたほうがよいことになります。

「私の時給なんて今まで考えたことないし、1万円は高いかも?」という方もいらっしゃるかもしれませんね。

ちなみに年収350万円のスタッフを雇った場合の時給はおおむね2千円程度になります。院長夫人も経営者の一人である以上、時給をスタッフ以下に設定することは、あまり好ましくないと思います。

この院長夫人の時給という考え方は、いろいろなことに応用できます。少し練習してみましょう。以下の問題において院長夫人の時給は2千円とします。

練習問題①　本当の振込料はいくら?

往復に徒歩で30分かかるA銀行の振込手数料は300円であるのに対し、インターネットバンクの振込料は800円です。A銀行に行って振り込む場合と、インターネットバンクで振り込む場合では、果たしてどちらが得でしょうか?

〔答え〕　インターネットバンクのほうが500円得です。

〔解説〕 A銀行で振り込む場合のコスト　1300円（手数料300円＋時給2千円×$\frac{30分}{60分}$）

インターネットで振り込む場合のコスト　800円

したがって、インターネットバンクのほうが500円得

練習問題②　消耗品をどこで買うか？

文房具を100円ショップ（お店までは徒歩で往復15分かかる）で購入するのと、400円かかるインターネット通販では、どちらが得でしょうか？

〔答え〕 インターネット通販のほうが200円得です。

〔解説〕 100円ショップで購入する場合のコスト　600円（文房具代100円＋時給2千円×$\frac{15分}{60分}$）

インターネットで通販購入する場合のコスト　400円

したがって、インターネット通販のほうが200円得

練習問題③　バスに乗るかタクシーに乗るか

以下の場合、バスとタクシーではどちらが得でしょうか？
目的地に行くためのバス代　　300円（45分かかる）
〃　　タクシー代　1500円（15分かかる）

〔答え〕 バスに乗ったほうが200円得です。

〔解説〕 バスに乗った場合のコスト　1800円（バス代300円＋時給2千円×$\frac{45分}{60分}$）
タクシーに乗った場合のコスト　2000円（タクシー代1500円＋時給2千円×$\frac{15分}{60分}$）
したがって、バスのほうが200円得

「結局私が動くんだから人件費はゼロ円なんじゃないの？」と思われるかもしれませんね。
確かに医院から外部に出ていくお金はゼロ円かもしれませんが、私は奥様が無償で働き続ける状態をお奨めしません。

無償で手伝うと、困難なことに直面した場合に
「タダ働きしているのにやってられない！」

と心が折れやすくなります。

お金をもらうことは決して悪いことではなく、お金をもらうことによって責任感が強くなるので、むしろ良いことだと思っています。実際にスタッフに動いてもらうと、必ずこのようなコストが発生しますよね。

ですから奥様が動いても給料は発生すると考えるべきです。経営者になると「人が動く＝給料は発生する」という考え方をする場面が増えていきます。

ぜひご自分の時給を設定し、「自分でやるべきか？」それとも「人に頼むべきか？」の判断に慣れていただきたいと思います。

第V章

院長夫人ができる医院の業績アップ法

「医院の業績アップに貢献するなんて、私には無理！」

「医療のことをわからない自分が、医院の業績を上げるなんてできるのかしら？」

と思われる奥様もいらっしゃると思います。

大丈夫です。そんなに難しく考える必要はありません。患者さんをどうやって増やすのか、患者さんにどのような医療を提供するのかなど医院全般についての経営方針は、院長先生に任せたほうがよく、そこは奥様のお仕事ではありません。

奥様の出番は、医療に関することではなく、別のところにあると思います。

本章では、医療の現場は院長先生に任せた上で、奥様には医院のためにいったい何ができるのかについて、考えます。

「院長の役割」と「院長夫人の役割」

私は医院専門の税理士となって約20年になります。20年近く、さまざまな院長先生とお付き合いをしていると、「ドクターの一日は（普通の人と比べて）本当にハードだなぁ」とつくづく思います。

日々の診療は、現役を引退するまで一生涯にわたって休むことなく行わなければならず、お昼休みには昼食もそこそこに（私たち税理士を含め）各種関係者との打ち合わせ、その後は午後の診療に戻り、夕方に診療が終わると、さらにその後は医師会の会合への出席、ようやく一週間が終わったと思ったら週末は研修会や学会への参加……。

医院が流行っていれば流行っているほど、院長先生の空き時間は減っていき、院長先生のプライベートの時間はさらに少なくなっていきます。

忙しそうな院長先生を見ていると、

「身体、大丈夫かな？」

とこちらが心配になってしまうことも多々あります。

ドクターはドクター以外の職業に就いたことがないわけですし、周囲のドクターもほぼ同じような毎日を過ごしていらっしゃるので、このようなハードな生活が当たり前だと思っていることでしょう。しかし実は一般のビジネスマンは、ドクターに比べるとそんなに忙しくありません。いや、誤解のないように正確な言葉を使うと、「一般の人もそこそこ忙しいのですが、ドクターはそれ以上に忙しい」のです。多くのドクターがいつも、ほんのちょっとの隙間時間を惜しんで忙しく動き続けています。

そのせいかドクターはドクター以外の人に比べると、せっかちな人が多いように思います。私は若かったころ、ドクターに「こういう場合の税金はどうなるの？」との質問を受け、「えぇーと、えぇーと……」と要領を得ない回答をしてしまうと、「しっかりしてくれよ！」とカミナリを落とされたことが何度もありました。これはなにも税理士に限ったことではなく、医院に出入りして、ドクターを対象に仕事をする人たちのほとんどが、経験していることだと思います。お陰様でずいぶん鍛えていただきました（笑）。

ここでは、そんな忙しい院長先生を、院長夫人が日々の中でどのように支え、そして業績アップにつなげられたかについてお話ししたいと思います。

院長夫人のプロフィール

院長先生、奥様ともに歯科医師で、二人は歯科大の同級生同士。2年前に院長先生の地元で歯科医院を開業されました。

このご夫婦はともに歯科医師です。歯科医院を開業される際、「医院での業務を院長先生と奥様でどのように役割分担するか」について話し合った際に、ご主人の役割は「患者さんを増やすこと」、奥様の役割は「院内のスタッフをまとめること」に決めたそうです。

つまり、院長先生の役割は、

「患者を増やして売り上げを上げ、繁盛する医院を作ること」

院長夫人の役割は、

「良いスタッフを採用して職場の人間関係を良好にすること」

に決めたそうです。

院長先生は、患者を増やし、売り上げを上げることがご自身の役割なので、毎日「どうやって売り上げを上げるのか？」を考えます。そして、どうやって患者さんを増やし、喜んでもらえるのかを考えるのは、むしろ楽しいことだとおっしゃいました（一方、奥様は、歯科医院の売り上げにはあまり興味がないそうで、売り上げについては院長先生に任せっきりです）。

これに対し、奥様は、「院内のスタッフ同士の人間関係を良くする」ことにはとても関心があります。奥様は今、2歳のお子さんの育児中で、なおかつ第二子を妊娠中なのですが、時間を見つけては医院に顔を出し、スタッフ一人ひとりのことを気にかけて話しかけるそうです。

奥様はまた、開業以来、朝の院内清掃の時間には顔を出し、トイレ掃除を必ずされるそうです。

院長先生は、

「妊娠中なんだし、なにもそこまでしなくていいんじゃないの？」

と何度も言ったらしいのですが、

「いや、これは私の仕事だから」

といって毎日のトイレ掃除を欠かしません。

ちなみに多くの院長先生は、「スタッフ同士の人間関係には、自分はあまり興味がないんですよ」

と言われます。ほとんどのドクターは子供のころから、「病気で困っている人を救ってあげた

い」と思って医師になるわけで、「将来自分が経営する医院のスタッフと良好な人間関係を築きたい」ということが目的で医師になるわけではありません。したがって、医療には熱心に取り組むことができても、スタッフとの付き合いは苦手だという人が圧倒的に多いように思います。

診療にとても熱心で、なおかつスタッフにも気配りを欠かさないというのが医師としては理想なのでしょうが、完璧な人間はいませんので実際は難しいと思います。自分の得意なところは全力を発揮し、足りないところはお互いにカバーをし合うこのお二人の役割分担はとても素晴らしいと思います。

院長先生のメンター（mentor：助言者）になる

過去数年間において、あまり収支に変化のなかった医院の売り上げが急に上がってきたり、逆に売り上げが急に下がったりする場合があります。そのようなとき、

「院長先生、どうして売り上げが増えている（または減っている）んですか？」

と院長先生に尋ねると、多くの場合、

「あれ？　どうしてでしょうね？」

という答えが院長先生から返ってきます。

これは私の持論なのですが、医院の売り上げは実は院長先生の気分に連動することが多いように思います。

つまり、院長先生が、日々「何となくいい気分」で機嫌が良いと患者は増え、その結果売り上げは上がるし、逆に「何となく嫌な気分」で機嫌が悪いと患者は減り、その結果売り上げは下がってしまうように感じています。

家庭が円満で、スタッフ同士の人間関係も良く、院長先生の機嫌が良いときは、医院全体に前向きなエネルギーが上がり、それが患者さんに伝わって患者さんが増え、その結果売り上げが上がるように感じています。逆に家庭内に問題が起きたり、患者さんからクレームを受けたり、スタッフとの労務トラブルが発生したりすると、院長先生の気分が滅入ってしまい、診療中も気もそぞろ、それがスタッフや患者さんに伝わってしまい、その結果売り上げが下がるように思います。

弊所のような、わずか10名程度の小規模の事業体（私の税理士事務所のことです）でも、経営者としての「私の気分」はとても重要だと常々感じています。

私の気分が良いと、

「よし、今日も頑張ろう！」

となって、職場でも機嫌が良く、それが周りのスタッフにも、

「今日は鶴田さんの機嫌が良いな」

と伝わり、電話に出る声も一オクターブ上がります。

お客様から手のかかる仕事を頼まれても、

「はい、わかりました！」

と気持ちよく引き受けることができます。

お客様から難しい相談があったとしても、親身になって相談に乗ることもできます。

逆に私の気分が滅入ってしまうと、

「今日一日が無事に終わればいいや」

となってしまい、職場でも元気がなく、それがスタッフにも、

「あれ？　鶴田さんは元気がないな」

と伝わり、電話に出る声も一オクターブ下がってしまいます。お客様から相談があっても、

「はい、わかりました！」

とは気持ちよく言えなかったりします（正直に言うと、気分が滅入っているときは、スタッフに悪い影響を与えてしまうので、私はなるべく近所の喫茶店で仕事をするようにしています。

ただし、これは私が税理士だからできるのであって、院長先生はむやみに外出できませんから本当に大変ですね）。

「絶対にそうだ」とまでは言い切れませんが、院長先生の「気分」に医院の業績は大きく影響を受けるように感じるのです。経営者向けの勉強会で「職場は一将の影である」と習ったことがあります。職場の明るい雰囲気も暗い雰囲気も、実は経営者の気分そのものを投影したものであるという意味です。まさにその通りだなと感じています。

今までは、なんとなく

「院長先生の気分で売り上げが上がったり、下がったりしているような気がするなぁ」

と、漠然と考えていたのですが、実はこれにも多少のエビデンスがあるようです。

『幸福の習慣』（ディスカヴァー・トゥエンティワン　森川里美訳）という本によると、ハーバード大学が1万2千人以上を対象に、30年以上にわたって追跡した研究では、自分が日々接している人が幸せを感じていると、自分が幸せを感じる可能性が15％高まるという研究結果が出ているそうです。また、面白いことに幸せはその人の直接知らない人にまで影響を及ぼすそうです。

仮にあなたの医院でAさんというスタッフが働いているとします。Aさんのご主人Bさんが幸せを感じていると、あなた自身は直接Bさんを知らなくても、Bさんの幸せがAさんに影響し、さらにその影響を受けてあなたの幸福度は10％高まるそうです。

さらに、幸福は次々と周囲の人に影響を与えていくようです。このハーバード大学による大規模な社会実験では、人の幸福度は自分から数えて3人目まで影響することがわかったそうです。より具体的には「あなたの友人の友人、そのまた友人の幸福度が高いと、あなたの幸福度は6％向上する可能性がある」とのことです。

つまり、あなたを含め院長夫婦の幸福度が高いと、医院のスタッフ、スタッフの家族、そしてスタッフ家族の友人までが幸福を感じる可能性が6％高まるわけです。

「話はわかるけど、たった6％の幸福度しかないの？」と思われましたか？　しかし、これもハーバード大学の研究によると、年収が1万ドル（約100万円）増えても、幸福度はたったの2％しか増えないことがわかったそうです。つまり幸福になりたいのであれば、収入を増やそうとするよりも、まずは家族や職場の仲間との人間関係を良好にするのが手っ取り早く効果的だということです。

話を戻しましょう。医院の業績を上げるために奥様ができることは何でしょうか？

私は、まずは奥様が院長先生のメンター（mentor：助言者）になってみてはどうか？　と考えています。

　そんなに難しく考える必要はありません。夕食の時など、院長先生がホッとしている時間に、食卓を囲んでご主人の話をじっくり聞いてみて下さい。何のアドバイスをしなくても構いませんし、むしろアドバイスはしないほうがよいかもしれません。

　奥様がズバリ正論を言うことよりも、正解を出すために夫婦二人で考える時間を増やすことが大事だと思います。院長先生一人で30分悩むよりも、奥様と二人で30分悩んだほうが、合わせて60分悩んだことになりますし、完全な正解とまではいかなくても、二人で考えたほうが、より正解に近い回答を出せる確率が上がります。

また、ご主人はたくさんの患者さんの健康を管理する医師ですし、医院のスタッフを束ねる経営者です。ご主人はとても疲れる立場にいます。ご主人は一歩でも家から外に出ると、誰にも泣き言を言えないものです。無口なご主人なら、なかなか本心を語りたがらないかもしれません。まずは奥様が、

「今日もお仕事お疲れ様でした」

という感謝の気持ちを持って、今日医院で何が起きたのかを尋ねてみて下さい。

夫婦関係が円満であることは、日々の生活のベースとなります。夫婦関係が円満であることは、ご主人の仕事への集中力を高めます。逆にもし夫婦仲が悪く、毎日のように夫婦喧嘩ばかりしている状態だと、そこから受けるストレスは尋常ではなく、ご主人は一日中イライラした状態に陥ってしまいます。

その結果、ご主人は気分が滅入ってしまい、それが医院のスタッフや患者さんに伝わり、売り上げは下がっていくでしょう。

私も含め多くの人は、職場で嫌なことがあって心の余裕がなくなってしまうと、患者さんやスタッフなど他人との人間関係の修復にエネルギーを奪われて疲弊し、最も重要な人間関係で

ある「夫婦」の関係がついついおろそかになってしまうように思います。

極端な言い方をすると、仮に職場の人間関係が険悪だったとしても、家に帰ってホッとひと息つくことができればそれでよいのです。職場の人間関係は、どれだけ頑張って築き上げたとしても、スタッフの退職であっけなくリセットされます。

それに比べて夫婦関係は、ひとつずつ積み上がっていくものです。職場の人間関係と、家族関係のどちらにエネルギーと時間を費やすべきか、答えは明らかではないでしょうか。

スタッフの定着率を上げる

「スタッフの定着率が良い医院は、業績が良くなる」

これも私の持論です。

歯科医院を例にお話しましょう。弊所の歯科クライアント様には、医院の収支を報告する際、歯科診療台（チェア）1台当たりの売り上げを報告しています。その際に目安となるチェア1台当たりの売り上げは1か月でおおよそ100万円です。

歯科医院は、開業の際に医院の床面積が何平方メートルとれるかで、初めから設置できるチェアの台数が決まっています。仮にスペース的にチェアが4台しか入らないとしましょう

（そこに5台や6台のチェアを入れることは、絶対に不可能だということです）。

4台しかチェアが入らないのであれば、その歯科医院の月の売り上げのおおよその目安は400万円（100万円×4台）です。つまり、歯科医院は限られたチェア台数の中で、いかに効率よく売り上げを上げるかがとても大事なのです。

ちなみに、弊所の歯科クライアント様の中で、チェア1台当たりの売り上げが最も高い歯科医院の売り上げは一か月で325万円です。つまり、その歯科医院では同じチェア1台を使って、一般的な歯科医院の3.25倍の売り上げを上げているのです。

「いい加減な診療をして、次から次に患者さんを診てるんじゃないの？」

と思われるかもしれませんが、決してそうではありません。

この歯科医院の院長先生は、私から見ても医療にとても真摯に取り組んでいらっしゃり、治療に関して決して手抜きをしているようには思えません。難しい手術を翌日に控えた場合、前日の晩から別室に籠って家族の誰とも口を利かず、手術のイメージトレーニングをして精神を統一しているそうです。

それでは、一人ひとりの患者さんを丁寧に診ながらも、なぜこれほど売り上げが上がるのでしょうか？

その理由を院長先生に聞いてみたところ、この歯科医院ではベテランのスタッフが多く、とてもきびきびと働いているそうです。

むしろ院長先生がのんびりしているとスタッフから、

「院長先生、次の患者さんが待っています、急いで下さい！」

と急かされ、また院長先生と患者さんとの世間話が少しでも長くなると、

「ここからは私が説明させていただきますね」

と話をさえぎってきて、

「早く次の患者さんのところへ行って下さい！」

とアイコンタクトをしてくるそうです。

最近は勤続10年以上のベテランスタッフが増えてきて、

「息をつく暇もなく次の患者さんを診なければいけないんです。おかげで診療が終わった後はヘトヘトです」

と院長先生は笑っていらっしゃいました。

また、その歯科医院の離職率を調べたところ、20名のスタッフがいながら、過去3年間のスタッフの退職者はたったの1名でした。医療機関の平均的な離職率は15％程度ですから驚異的な数値です。

スタッフの定着率が上がると、

・段取りがよくなり、次の行動が読めるようになる
・スタッフと患者さんとの付き合いが長くなり人間関係が深まってくるので患者さんが喜ぶ
・医療技術が上がり業務そのもののスピードが速くなる

といったことが起こります。スタッフは医院に長く勤めることによって、一年、もう一年とスキルアップをしていきます。そして、限られた設備の中で診ることのできる患者数が増え、その結果医院の業績が良くなるように思います。

スタッフ定着率と医院の業績との関係を歯科医院を例にとってお話しましたが、この考え方はどの医療機関でも当てはまります。

例えば、ある医院では1日80人の患者を診られるとしましょう。

仮に1年後に、スタッフのスキルが5％上がったなら、1日で84人（＝80人×105％）の患者を診られるようになります。このとき、1日当たり4人分の患者さんの売り上げが増加します。

診療単価を5千円と仮定すると、1日当たり2万円（＝4人×@5千円）の増収になりますよね。1か月の診療日数を22日と仮定すると、44万円（＝2万円×22日）の増収、1年に換算すると528万円（＝44万円×12か月）となりクリニックの事業規模としては、決して無視できな

い金額となってきます。

現在　1日あたり患者数80人×診療単価5千円×22日診療＝売り上げ880万円

スキルアップにより診られる患者が5％増えると

↓

1年後　1日あたり患者数84人×診療単価5千円×22日診療＝売り上げ924万円

その差は44万円！

つまりスタッフの定着率が上がると、その結果として医院の業績は良くなっていくのです。診る患者さんが増えても、スタッフへの昇給は月に数千円程度であり、人件費はほとんど変わらないわけですから、売り上げが増えた分は、まるまる利益として医院に残ることになります。

医院の業績を上げるために何をしたらよいのか見当がつかないという奥様には、スタッフの定着率を上げるためのお手伝いをして欲しいと思うのです（具体的にどのようにしてスタッフの定着率を上げていくかについては、第Ⅵ章でもお話をします）。

採用活動に参加する　～欠員補充の負のサイクルを断ち切る～

スタッフの定着率を上げるには、まずはずっと勤めて欲しいと思うような良い人材を採用しなければなりません。これは誰でもわかることなのですが実際は、

「スタッフが反抗的なんです」

「仕事を全然覚えようとしないんです」

「給料を上げて欲しいとか、もっと休みが欲しいなどとやたらと待遇を改善して欲しいと言ってくるんです」

といったお悩みをよく伺います。

毎日そのようなお悩み事を聞いていると、スタッフに対するそうしたお悩みを抱えている医院には、ある共通点があることに気づきます。それは人が辞めるときだけ採用をしている、つまり欠員補充だけをしているということです。

欠員補充をするとき、おそらく次のことが起きます。

① スタッフが来月末で辞めたいと言ってきた

② 慌てて求人を出す

③　なかなか応募がない
④　少ない応募者の中からやむなく採用する
⑤　やむなく採用した新人がトラブルを起こす
⑥　既存スタッフからも不満の声が上がる
⑦　スタッフが来月末で辞めたいと言ってくる
以下、②～⑦の繰り返し。


スタッフに悩んでいる医院は、実はこの負のサイクルがずっと続いているように感じています。そうならないようにはどうするべきなのでしょう？

解決策は、**ちょっとだけ多めの人数で経営する**ことだと思います。スタッフ5人で医院の仕事が回るようであれば、パートの方を1人増やして、ほんのちょっとだけゆとりのある体制にするイメージです。

医院は女性の職場です（スタッフは女性が多いという意味です）。結婚、出産、ご主人の転勤、親の介護などで一定の離職者が出ますよね。ちょっとゆとりのある体制を組んでいれば、急な離職者が出たとしても、次のスタッフを採用できるまで今のスタッフで対応が可能です。ギリギリの人数でやっているとそうはいきません。慌てて求人を出して……、では②～⑦の負のサイクルが待っています。

「余分な人件費をどうやって捻出すればいいんですか？」という質問が来そうですが、そこは院長先生もしくは奥様の報酬を下げて捻出するしかないと思います（ちなみに税理士事務所の話ですが私自身もそうしています）。

パートの方お一人の人件費は月10万円くらいです。月に10万円で、誰かが辞めたら医院が崩壊するという状況を回避できるのであれば、10万円くらい自分の報酬を削っても、十分に割に合うのではないでしょうか？


「私の給料を10万円下げていいから、もう一人パートさんを採用しましょうよ」と院長先生に提案し、パートの方を採用でき、そのスタッフが定着してくれれば、欠員補充の負の連鎖を断ち切ることができるはずです。そしてこの医院のピンチを救ったのは奥様ということになります。奥様が医院の現場で働いていなくても、医院の業績を上げることはできるのです。

もちろん、新人の採用のために奥様の報酬を10万円下げたとしても、院長先生や奥様が何不自由なく生活できるようでなければなりません。常日頃から医院の収支をプラスにしておき、奥様が多めの給料をもらうようにしておきたいところです。

さて、「プラス1名」の採用は、どのような人材を採用すればよいのでしょうか？

私が思うに採用者に求める能力は、

・仕事の飲み込みが速い
・周囲との良好な人間関係が築ける
・誠実で勤務態度が良い

といったところでしょうか。

「そんな良いスタッフをどうやって見つけるんですか？」

との質問が聞こえてきそうですね。正直なところ、なかなか見つからないと思います。

小規模の医院で、かつ他院と比べて給与等の求人の条件が見劣りする場合はなおさらです。

まずは、働きやすい職場であることを応募者にアピールしつつ、院長先生と奥様が一緒になって採用面接をし、応募者の人柄や医療のスキルを二人の目で厳選するようにしていってはどうでしょう？

できれば新人教育を担当するスタッフにも、一緒に面接に立ち会ってもらうようにしましょう。採用した後、実際に育てていくのは教育担当のスタッフなので、院長先生や院長夫人だけでなく、教育担当のスタッフとの相性もとても大事になるからです。

教育担当のスタッフを面接に参加させることなく、院長先生と奥様の二人だけで面接をした場合、スタッフから見ると、新人は「院長夫婦が勝手に採用した人」ということになります。自分が採用面接と無関係なら、新人に対する愛着や思い入れもありません。

もし採用面接を院長先生だけでされている場合は、奥様や新人教育担当スタッフも含め、たくさんの人の目で選んだほうが、ベストの採用とまではいかなくとも、よりベターな方向に近づいていくと思います。院長先生、奥様、スタッフのみんなが「自分が選んだんだから一人前にしてあげよう」と新人教育にも熱心に取り組むようになると思います。

いずれにしても、経営者の本来のお仕事は、「現場で汗水を垂らしながら懸命に働く」ことではなく、「会社の今後の方針を考え、良い人材を採用し、育てて戦力化すること」だと思います。

私が出会った面接の達人

現在60歳の歯科医院のベテラン院長先生の話です。この方は、27歳のときに歯科医院を開業して今まで30年以上医院を経営してこられました。これまで採用したスタッフの総数は延べ50名を超えるそうです。

これまでにスタッフのことで、ずいぶん苦い経験もされたようですが、現在の採用方法は、まず昼休みに入る30分前に診療を切り上げて面接を開始するところから始めます。その際、「この子はナシだな」と思う場合は早々に面接を切り上げるらしいのですが、「この子はいい子だな」と思った場合は、

「あなたの分までお弁当を用意しているから、先輩スタッフと一緒にご飯を食べながらみんなにどんな職場なのか尋ねてみるといいよ。その間、僕は席を外すから、遠慮なく院長の悪口でも何でも聞いてみて（笑）」

といって、みんなとお昼休みを一緒に過ごしてもらうそうです。このお昼休みにスタッフと一緒に過ごすというのは、実はもうひとつの目的があります。既存スタッフの新人に対する面接も兼ねているのです。

現場で新人スタッフに仕事を教えるのは既存スタッフです。お昼休みに雑談をしながらも、

「この人と一緒に働きたいか？」

を実は判断しているのです。既存スタッフが、

「この人とは一緒に働きたくない」

と判断した場合、院長先生がどんなに採用したかったとしても採用しません。既存スタッフが「この人だったら一緒に働けそう」と思う場合は採用です。

また、採用した後に本人に、「実はあのときは先輩スタッフの面接も兼ねていて、みんなあなたがどういう人なのかを見ていたんだよ。その結果、みんながあなたと働きたいっていうから採用になったんだよ」という話をします。そうすると「自分は先輩に好かれているんだ」と感じ、院長先生や先輩へのロイヤリティが高まって、採用後の仕事の覚え方がとても速くなるそうです。

この歯科医院の面接の流れをまとめると

①昼休み30分前に面接開始
　不採用の場合　↓　面接は終了
　採用に迷った場合　↓　お弁当を準備
②お昼休みにスタッフと雑談
　印象が良い場合　↓　採用

印象が悪い場合　↓　不採用

となります。この面接方法の利点は、次のことです。

新人にとっての利点：　みんなが自分のことを最初から歓迎してくれる
スタッフにとっての利点：自分たちと相性の良い人が入社してくる
院長にとっての利点：　不採用の結果、人手が足りずに仕事が大変になったとしても、スタッフの意見を尊重して採用を見送っているので、「忙しい」という不満が出にくい

なお、この方法は、院長先生と既存スタッフの人間関係が良好な場合にのみ使える方法です。院長先生とスタッフとの関係が上手くいっていない医院には、スタッフに医院や院長先生の悪口を言われたりする可能性があり、逆効果になります。こうした場合は、あまりお奨めできません。

新人はなぜ退職しやすいのか

新人はなぜ退職しやすいのかについても触れてみたいと思います。私も税理士事務所の開業当初から数年間は、スタッフを採用しては短期間で辞められるという状態が続きましたので、「どうしてスタッフが定着してくれないんだろう?」と悩んだ時期があります。

会社に勤める人を対象にしたあるアンケートによりますと、「仕事が楽しくない」と答えている人が約半数もいるそうです。これは特に新人に限ったことではなく、全ての働く人の中で、仕事が「楽しくない」「好きではない」と答えた人が半数もいるようです。

私はこのことに驚いてしまったのですが、自分自身は同窓会などに参加して、お互いの近況を報告し合ったりすると、「仕事が楽しくない」とか「定年が待ち遠しい」と話す同級生もかなり多いのでわかるような気がします。

つまり、医院のスタッフが、今の仕事が楽しくなかったとしても、それはごく普通にありうることなのでしょうね。ですから新人が、

「仕事が楽しくてしょうがない。こんな楽しい毎日が一生続くとしたら、本当に自分は幸せだ!」

と思っていることは、まずないと考えてよいと思います。

よくよく考えますと、新しい仕事を次々と覚えていく大変さ、院長や同僚との人間関係の難しさ、知らないことが山ほどあって、そこについていくのが精いっぱいの状況で、「楽しい」はずはありません。そんな新人の心境を汲み取って、院長夫人のあなたには新人に積極的に声を掛けてあげ、いろいろと新人の力になってあげて欲しいと思います。

なお、参考までに弊所の新人育成の取組みについてお話をしますと、弊所ではずいぶん前から「振り返り」という制度を作っています。これは、新人スタッフが仕事を終えて退社する際に、所長である私かもしくは先輩スタッフの誰かに

① 今日はどんな仕事をしたか?
② 今日の仕事の中で疑問に思ったことや困ったことはないか?
③ 明日はどんな仕事をするか?

を毎日報告してもらうというものです。そして最後はお互いが「今日も一日ありがとうございました!」と言って締めくくることをルール化しています。

これは以前、新人の定着率が悪かったときに、新人が新しい職場に慣れるためのストレスを

なるべく減らしたいと思って取り入れました。

振り返りは1人につき、だいたい3～5分くらいかかりますので、新人スタッフの人数分だけ毎日時間がかかることになります。お客様との打ち合わせが始まる直前と重なって「振り返りお願いします！」と来られることも多く、正直なところ面倒なときもありますが、これをルールにすると所長や先輩スタッフと強制的にコミュニケーションがとれますので、お互いの誤解が生まれにくく、職場の人間関係のメンテナンス効果が高いように感じています。

今いるスタッフといきなり「振り返り」をするのには抵抗があるかもしれませんが、あなたが面接をした新人が入社したときに、まずは新人から導入されてはどうでしょうか？

医院の人間関係のメンテナンス活動

『幸福の習慣』（ディスカヴァー・トゥエンティワン　森川里美訳）によりますと、「職場での人間関係」に関するある調査では、84％もの人が、職場での人間関係について問題を抱えているとの調査結果が出ているそうです。つまり、ほとんどの人は程度の差こそあれ、大なり小なり、職場の人間関係について何かしら悩みを抱えながら働いているのです（これまでの私の経験を振り返っても、「そうかもな」と思い当たることは多いです）。

そしてさらに、転職をした人に対して行った別の調査では、本当は「職場の人間関係が嫌で転職した人」はなんと53％もいるそうです。つまり、辞めるときはほぼ全員が「家庭の事情」、「健康上の理由」、「他にやりたいことが見つかった」などと周囲に波風の立たない理由で辞めていくのでしょうが、実は辞めていく人のうち、（次の職場に転職する人に限って言えば）2人に1人は今の職場での人間関係が嫌で、それに耐えきれずに辞めていくということになりますね。

かくいう私も転職経験が4回ほどあるのですが、そのうち1回は明らかに職場の人間関係が原因で転職を決意しました。先輩から目の敵にされて嫌がらせを受けたので、「このまま嫌がらせにずっと耐え続けることは、果たして私の人生にとってプラスなのだろうか？」と思い退職したのです。そのときの上司には、「他にやりたいことが見つかった」と嘘をついて退職しました。

私が本心を明かさなかったので、上司は、自分の部下同士の中で、いじめや嫌がらせが存在するとは、その後もずっとわからなかったと思います（今となって振り返ってみると、私自身の生意気で無神経な言動も、先輩から嫌がらせを受けた大きな原因であったと反省しています）。

さて、前にお話しましたように、離職率と医院の業績には大きな関係性があります。離職率が高いと、スタッフは仕事ができるようになる前に退職してしまい、採用から退職までにそのスタッフにかけたコストが、医院にとってまったくの無駄な出費となってしまいます。参考までに、新規採用した新人スタッフが職場になじめずに、入社3か月後に退職した場合どのくらいのコストが無駄になったかを計算してみましょう。仮に、求人広告代を5万円、応募者が5人で院長先生が1人1時間ずつ面接するとします。また、院長先生の時給は1万円、新人の月給は20万円で、新人は3か月後に人間関係になじめずに退職したと仮定します。

辞めた新人にかかったコストを計算すると

求人広告代	5万円	
面接コスト	5万円	(5人×1時間)
新人の人件費	60万円	(20万円×3か月)
合計	**70万円**	

他にも新人のユニフォーム代や、新人の歓迎会にかかった費用、教育担当者が新人に仕事を教えるためにかかった時間の人件費を上乗せすると、新人が3か月後に退職したときに無駄になったコストは合計100万円は軽く超えると思います。また、人間関係が改善されない限り、新人の退職はその後も続く可能性が高いので、退職者が出るたびにさらに100万円、また100万円と

損失が膨らんでいきます。

職場の人間関係の悪化を放置すると、その代償は実のところ、とても高くつくのです。新人を積極的に採用するよりも、今現在医院で頑張って働いてくれている既存のスタッフを大事に扱いながら昇給したほうが、結果的には安くつきます。

「今年の昇給はいくらにしようか？　5千円？　それとも1万円？」

「夏のボーナスはいくらにしようか？」

などと悩んでいる一方で、入社後間もない新人に職場の人間関係が原因で簡単に退職されてしまっては、昇給やボーナスの額に悩んでいることが馬鹿らしくなってしまいますよね。

奥様の登場に期待

そこで、奥様には院内の人間関係のメンテナンス活動をしていただきたいのです。一般的に院長先生は診療中は患者対応、診療が終わった後は医師会活動、週末は研修への参加などで疲れきってしまい、よほどエネルギッシュな方でない限り、スタッフへ細かい心配りができる方は少ないのではないでしょうか？　特に男性の院長先生は、女性スタッフの細かい心の動きまで察するほどの余裕はないでしょうし、そもそも職場の女性同士の人間関係の中に入っていくのが億劫な方が多いように思います。

「人間関係をメンテナンスするなんていったいどうすればいいの？」と思われるかもしれませんが、難しく考える必要は一切ありません。週に1回程度、スタッフの人数分（できればスタッフの子供の分まで）コンビニスイーツを買ってきて、

「いつもありがとうございます。本当に助かっています。よろしければお子さんの分もありますから持って帰って下さい」

と言って差入れをしてみて下さい。仮に1個250円のスイーツを10個買ったとしても、1回当りたったの2500円程度（250円×10個）です。週に一回の差入れを3か月間続けたとしても、かかるコストはたったの3万円（2500円×4週間×3か月）です。新人に簡単に辞められたら100万円以上損することを考えれば安いものです。

私は税理士事務所を開業したばかりのころ、経営塾に通っていた時期があります。そのときに講師の方から「お金がかからないものをないがしろにすると逆にお金がかかる」という話をうかがいました。これは「今働いてくれているスタッフに感謝することなく、『ありがとう』や『頑張ってるね』の声掛けなど、まったくお金のかからないことを面倒くさがってしないから、職場の人間関係が悪化し、その結果退職者が増えて業績が悪くなるのだ」という意味だと私は受け止めています。この塾に通っていたころは、私はまだ開業したばかりでスタッフの数

も2名しかおらず、「へぇ、そんなもんか」などと呑気に講師の言葉を聞いていましたが、私もその後スタッフに関してそれなりに苦い経験をしたことで、その講師の言葉が身に沁みてわかるようになりました。

子育て中でなかなか診療現場のお手伝いができない奥様でも、月に何回かはスタッフへの差入れを持って顔を出し、「いつもありがとうございます」と言ってあげて下さい。きっと職場の雰囲気が良くなるはずです。気長に続けていくと、ちょっとずつ医院の業績は良くなるはずです。

他院はどのくらい福利厚生にお金をかけているのか?

数年前に弊所の顧問先クリニックに「年間でどのくらい福利厚生にお金をかけていますか?」というアンケートをとったことがあります。その結果は、平均は年間で約30万円でした。平均的なクリニックのスタッフ数が5~10人だと考えると、1人当たりのコストは年間で3~6万円程度ということになります。これは納涼会や忘年会も含んだ金額になりますが、この額を大幅に下回る場合は、意識的にスタッフさんに対して福利厚生活動をしたほうがよいでしょう。

また、以前に「ちょっとした食事会の開催や、おやつなどの差入れを年間どのくらいしていますか?」というアンケートをとったこともあるのですが、平均が約12回でした。おおむね1か月に1回ということになりますね。これにはみんなでランチを食べに行くとか、ケーキを買ってきてその月のスタッフの誕生会を行うなどの小さなイベントも含まれます。さてあなたの医院はいかがでしょうか?

しかし福利厚生は無理して頑張りすぎないことが大事です。院長ご夫妻が飲み会が苦手なのに、福利厚生だからといって飲み会を開くのは苦痛ですよね。そんな場合は、スタッフにお金を渡して、「みんなで美味しいもの食べてきて! 領収書だけよろしくね!」というほうが無理なく長続きすると思います。

それでも院内の雰囲気が良くならない場合の対処法

スタッフとの人間関係に悩んでいる院長先生や奥様はとても多いですから、「差入れをするぐらいではスタッフとの関係が良くなるとはとても思えない！」という方もいらっしゃることと思います。

そもそも差入れをしても、受け取ってくれないことさえありますよね。差入れしたスイーツが、スタッフルームの冷蔵庫に入ったまま賞味期限切れなんてこともあるかもしれません。

スタッフとの関係を、劇的に改善する方法は私にもわかりませんし、仮にそんな方法があるのであれば逆に私が教えて欲しいくらいです。

スタッフには経営者の気持ちはわからない（というかわかりようがない）ものです。また、あなたが人事について「ノーミス」でいきたいと思っているとしたら、そのこと自体に無理があります。ただし、人事についてノーミスは無理ですが、人事のミスをなるべく少なくすることは可能だと思います。ここでは、スタッフとの関係について、私なりに感じていることをお伝えしたいと思います。

さて、スタッフはどれだけ真剣に医院経営のことを考えてくれているでしょうか？　スタッフはどれだけ経営者のことを理解してくれているのでしょうか？

「うちのスタッフは私の気持ちをすぐに汲み取って動いてくれています」などという方もいらっしゃるかもしれませんが、実際にはそのようなスタッフはなかなかいらっしゃらないと思います。おそらく、スタッフは医院経営のことはほとんど考えていないし、経営者の気持ちなんてほとんど考えていないと思います。

誤解のないように言いますと、「経営者の気持ちを考えていない」というよりも「経営者の気持ちをどんなにわかりたくても、わかりようがない」のだと思います。少し話は変わりますが、私は以前は勉強しない息子に対して、「今頑張っておかないと大人になって苦労するぞ」と繰り返し説教をしていましたが、最近はあまり説教をしなくなりました。なぜなら、どんなに説教をしても効果がないと思うようになったからです。

人間は自分が経験したことしか、理解できないのだと思います。つまり息子はまだ大人になっておらず、勉強をしないとどうなるのかがわかっていません。そんな状況の中でいくら「将来苦労するだろうから頑張りなさい」と言われても、経験したことがないのでわからないと思うのです。

この原稿を書いている今現在（2021年4月）は、新型コロナウイルスの第4次感染拡大の真っ只中です。飲食店は自粛営業を強いられ、ワクチンは回ってこず、経済的に困窮したことが理由なのか、最近は自殺者が増えています。

「あのときこのような手を打つべきだった」

「私だったらこうしたのに！」

などワイドショーではコメンテーターが、上から目線でコメントしていますが、それは事後である今だから言えることであって、リアルタイムでそのときにはどうすべきかなんて誰にもわからなかったと思います。


私たちが正しいと思って年下の人たちにアドバイスしていることの大半は、実は自分がその年のころには決して気づくことがなくて、全てが終わった後の、「こうしておけばよかった」という結果論なのだと思います。


また話が飛びますが、子供のころ、法事などで親戚の集まりがあると、おじさんたちは必ず戦争の話をし始めました。

「あの頃は大変だったなぁ。それに比べて今の子供は恵まれているなぁ」

自分が苦労した時代を懐かしむと同時に、今の子供たちがいかに恵まれた時代に生まれたのか、それを踏まえて子供たちにはもっと頑張って欲しいという気持ちを大人たちは一生懸命伝えようとしていたのでしょうが、当時子供だった私には、まったくピンときませんでした。むしろ毎回、戦争の話で盛り上がった後は決まって、

「それに比べて今の子供たちは……」

という話になるので、正直なところ、

「またその話かぁ……」

と思っていました。

自分が経験したことがないことは、どんな人でもわかりようがないと思います。戦争を経験したおじさんたちにとっては、子供のころに空襲を受けた恐怖や、逃げ惑う人々の光景が目に焼き付いていて、まるで昨日のことのように思い出すのでしょうが、子供の私にとってはまったく経験したことのないことであり、戦争というものを感じることがまったくもってできないのです。

ましてや戦時中に育った自分たちに比べて今の子供たちが恵まれていると言われても、「なんでそんな話になるの？」くらいの気分です。

つまり親戚の集まりという同じ空間をみんなで過ごしながらも、まったくお互いの想いが共有できていないのです。

話を戻しますと、経営者にならないと経営者の苦しみなどわかるはずもなく、それをわかって欲しいと思うこと自体が意味のないことのように思っています。ですから、スタッフに経営者の気持ちをわかって欲しいと思うことをまずやめてみてはどうかと思うのです。

スタッフへの見方を「性悪説」に変えてみる

なぜスタッフに対してイライラしてしまうのか？

私が思うにスタッフの言動に対してイライラする院長先生は、スタッフのことを「性善説」で捉えている方が多いように思います。つまりスタッフは患者に優しい、まじめに働く、嘘をつかない、勉強好き、遅刻や無断欠勤をしない……など。おそらくそれは院長先生や奥様ご自身が真面目に働き、嘘をつかず、勉強好きで遅刻や欠勤をしないので、スタッフもそうだろうという思い込みがあるのではないでしょうか？

「人を信じることって大事でしょ？　性善説でどこがいけないの？」

と思われるかもしれませんが、スタッフを性善説で捉えると、ちょっとしたことで、院長先生は日々のイライラに苦しむことになるように感じます。

今、医療人として「患者に優しく接して当たり前」、「仕事は頑張って当たり前」、部下として「院長の指示に従って当たり前」、「周りのスタッフと協力し合って当たり前」などなど、「院長先生が考える理想のスタッフでいて当たり前」となってしまっていないでしょうか？

そうすると、当たり前であることのハードルが非常に高くなるので、スタッフが頑張っていても、頑張っていることが当たり前なのでそのことに気づきにくく、逆にほんの些細なミスを犯したり、上手くいかないことがあったとき、その人の欠点がとても目についてしまい、イライラしてしまうように思います。

私はスタッフのことを性悪説で捉えたほうがイライラしなくて済むように思っています。性悪説で捉えると、スタッフはそもそも人間的に信頼できなくて、「できるだけ楽をしたい」、「できるだけ休みたい」、それでも「できるだけお金が欲しい」つまり「自分のことしか考えていない」もっと極端な言い方をすると「サボりながらも給料や休みの権利だけはちゃっかり主張してくるものだ」と考えることになります。

そうすると、スタッフから変なことを言われたりしても、「ま、そういうもんだろう」と冷静に対応できてイライラしなくなります。そして、性悪説で捉えると、ちょっとしたスタッフの頑張りに気づきやすくなります。「あれ!? 気持ちのいい挨拶ができるな」「あれ!? 患者さんに優しいな」「あれ!? 最近スキルが上がってきたな」、「あれ!? 後輩の面倒を見てくれているな」などなど……。

性善説でいくと、とるに足らないような小さなミスを見つけては、裏切られたような感情を持ち、その結果スタッフへの責め心が増してしまうところが、性悪説で捉えると、とるに足らないような、ほんのちょっとした長所を見つけることができ、スタッフへの感謝の心が増えるのです。

院長先生と奥様は医院のリーダーです。リーダーの最も大事な仕事は「いつも機嫌がいいこと」です。院長先生にはそのために性悪説の捉え方を実践して欲しいと思います。

スタッフが成長した分だけしか医院は成長しない

私は院長先生にときどき、

「もし先生一人で医院を回したとしたら、先月の売り上げはいくらぐらいになりますか？」

という意地悪な質問をします。

「院長先生が一人で患者の受付をし、一人で診療を行い、一人で会計をする、その合間に医

院にかかってくる電話や訪ねてくる業者の対応を全て自分一人でやるとしたら、一体先月の売り上げはいくらになると思いますか？」

そう聞くと、

「うーん、月にどのくらいかなぁ？」

と頭をひねられます。

ちなみに私のお話をしますと、誰の手伝いも受けずに私一人で税理士事務所をやったら、おそらく今の3割くらいしか売り上げは上がらないかと思います。つまり弊所の売り上げの7割は、私ではなく、スタッフが上げてくれているのです。実は開業当初の私は、そのようなことがわかっておらず、スタッフに対して何かと不満を持っていたように思います。

私がどんなに効率的に仕事をしようと、休日返上で働いたとしても、私一人でやれる仕事は事務所全体の中ではほんのわずかです。ですから私が寝ずに働き、休日返上で頑張ったとしてもたかが知れています。これからウチの税理士事務所の売り上げが伸びていくとすれば、それはスタッフが成長した分だけだということになります。税理士事務所に限らず、すべての事業はスタッフが成長した分だけしか成長しないと思います。逆の言い方をすると、スタッフが成長した分、医院は成長するということになります。

医院を本当に成長させたいと願うのであれば、院長先生や奥様が寸暇を惜しんで働き続けるよりも、スタッフを育てるしかないのです。

院内のパワーバランスについて

世知辛いお話をさせていただきます。実は弊所のような10名程度の小規模の会社であっても、所内の人間関係のパワーバランスを、私なりに意識しながら運営しています。つまり、「事務所内に経営者の味方をしてくれるスタッフさんが多いのか？　それとも少ないのか？」ということです。経営者も人間ですから、間違ったことを言ってしまったり、感情を抑えきれずにスタッフを叱ったりすることもあると思います。

また、仮に経営者側にまったく非がなかったとしても、一方的にスタッフが誤解して経営者のことを悪く思うケースもありますよね。そのようなときに、経営者の味方になってくれる人が事務所の中にどれくらいいるのかということです。これはあくまで私見なのですが、小規模であればあるほど、職場の声が「所長についていく」、「所長にはついていけない」などの両極端になりやすいように感じています。

医院においても院内での人間関係のパワーバランスを意識したほうがよいと思います。開業したばかりの医院は通常、4～5名の少人数で運営するため、その時にどのようなスタッフが働いているかにより、院内の雰囲気が大きく変化します。

天真爛漫なスタッフが一人でもいれば職場もパッと明るくなりますし、生真面目で固い印象のスタッフが一人でもいると職場も何となく物静かになります。

私見ですが、クリニックは潜在的に「院長vsスタッフ」という構図ができやすい環境にあります。奥様はぜひ、マメに医院に顔を出し、院長をフォローし、ご主人とスタッフの橋渡し役になって院内のパワーバランスをコントロールして下さい。

悩ましいのが、金銭や休暇にやたらと厳しいスタッフがいるケースです。給料や休暇などにやたらと厳しいスタッフが一人でもいれば、有給や残業など職場全体の権利の主張が多くなります。

「残業代が割増しになっていないんですが？」

「有給はどうなってるんですか？」

などはまだまだよくある想定内のことでして、

「昼休みもかかってくる電話に出ているので、電話当番を決めてその時間は労働時間に入れて下さい」

「今日は体調がすぐれないので遅刻します」

といった微妙なラインを突き付けて、そのたびに経営者を混乱させるスタッフがいるのも事実です。

昼休みにずっと電話が鳴り続けることや、いつも体調が悪いなんていうことはないと思うのですが……。

繰り返しになりますが、クリニックは少人数で運営しますので、声の大きい人の意見が通りやすい環境にあります。ですからなるべく変なことを言わせないような空気を院内に作ることは大事です。

また、クリニックは女性が多い職場ですので、院長先生は職場の中では男一人で毎日とても孤独感を感じています。どんなスタッフを採用しても、医院の雰囲気がある一定のレベルに安

定するように、院長先生一人で医院を経営するよりも、奥様と二人で医院を経営していくほうが、パワーバランスが経営者側に寄りやすく、変なことを主張してくるスタッフも少なくなると思います。奥様には採用面接から立ち会っていただいて、味方を少しずつ増やされてみてはどうでしょうか?

第Ⅵ章

私の経験を通じてみなさまにお伝えしたいこと

かくいう私たち夫婦も自身の税理士事務所の経営については、これまでかなりの失敗と苦しい経験をしてきました。ここでは私たち夫婦がどのようにして開業し、どのようにして税理士事務所を運営してきたのかについて主に失敗談を中心にお話したいと思います。

そもそも、私は、開業するとき、一　どうすればお客様が増えるのかがわからない、二　スタッフの採用の仕方がわからない、三　スタッフの育て方がわからない、さらに、四　出費が恐い（お金に対する感覚がつかめない）、という不安がありました。おそらく、こうした不安は医院の開業時にもあるのではないでしょうか？

本章では、これらについて順を追ってお話します。これから開業する方や、開業してまだ数年という方のお役に立つこともあるかと思いますので、お付き合い下さい。

どうすればお客様が増えるのかわからない

医院に勤務しているドクターのお仕事は、医院にやってきた患者さんを診ることです。「今日も患者さんをたくさん診たよ、大変だったし疲れたなぁ」と口では言っていても、内心では一生懸命に働いた充実感や、患者さんから頼りにされた満足感で一杯かもしれません。

確かに、患者さんを診ているのはドクターです。しかし、その患者さんは医院が集めてくれたのです。開業するドクターは、まずそこに気づかなければなりません。

そもそも患者さんは医院にやってくる前に、

① その医院があることを知り、
② 周りの人たちにその医院の評判を尋ね、
③ 良い医院だと判断し、
④ 医院にやってきて、
⑤ 診察を受けます。

勤務されているドクターは⑤でしか関わっていませんが、実は①~④の前工程があるのです。

これは言われれば確かにわかることです。しかし、開業したばかりのドクターは患者さんが来院するまでの①～④の工程がイメージできず、「開業すれば患者さんは自然と来るんじゃないか？」などと呑気に構えてしまいがちです。患者さんを集める対策を何も打たないと、患者さんは来ず、急激に資金が減少します。そうすると、院長先生の心が荒み労務トラブルが頻発するなどして、後で痛い目に遭うことでしょう。

税理士事務所ではありますが、私自身も開業したばかりのころは、そのことが理解できておらず、痛い目に遭いました。

私は２００８年の10月1日に念願の独立開業をしました。20代のころから夢見ていた自分の税理士事務所を構えることができて、そのときの私は感無量でした。しかし、感慨にふけっていられたのはその後わずか数日間でした。

開業後一週間も経つと「お客様がまったく取れない」「毎日やることがない」という現実を突き付けられました。

「よしこれからバリバリ働くぞ！」と心は燃えたぎっているのですが、仕事がまったくないのです。毎日がとても、とても暇なのです……。

「お客様がまったく取れない」というよりも、そもそも「お客様の増やし方がまったくわからない」と言ったほうが正しかったように思います。

大手税理士事務所に勤めていたころは、私も福岡県内で有名な病院を何件も担当しており、毎日忙しく働いておりました。開業する前の私は、自分が開業してもそんな忙しい日々が、何となく続くような気がしていました。

しかしよくよく考えてみると、私が開業したからといって、「開業されたのですね。それでは我が社の顧問税理士になって下さい」などという人は世の中に存在するはずもありません。

まずは私の存在を知ってもらうために、あらゆる交流会に参加し名刺交換をし続けました。

「税理士の鶴田です。はじめまして！」

「へぇ、税理士さんなのですね」

くらいの反応しか相手からは返ってこず、まったく相手にされません。

数えきれないほどたくさんの人と名刺交換をしました。その結果、ごくごく稀に税務顧問の依頼があったりはしたのですが、

「なるべく安い顧問料でお願いします。お互い大変なんですから助け合いましょうよ。給与

計算込みで月額一万円でお願いします」

と言われる始末でした。

情けないのは、そんなお客様でさえ「わかりました」と涙をのみながら、せっせと顧問契約を交わして仕事を引き受けてしまうことです。

顧問料は安いのに手間がかかるお客様をせっせと増やしていくものですから、仕事量は膨大であるにもかかわらず、売り上げは大して増えません。段ボール箱に雑然と放り込まれた領収書を眺めてウンザリしていました。目が回るほど忙しいのに、銀行預金の残高はどんどん減っていきます。

「こんなはずじゃなかった……」

お客様からいただく顧問料を、仕事時間で割ると、時給にして千円を下回ってしまうこともザラでした。

「時給千円か……。これじゃパートさんと変わらないな……」

本来は経理の事務員を雇ってしてもらうような仕事を、体よく押し付けられていることに気づいていても、お客様の増やし方がわからないので、黙々と仕事を引き受けざるを得ませんでした。

このように、開業当時、私はお客様の増やし方がまったくわからなかったのです。その後、同い年くらいの社労士や司法書士など他の士業の方たちと仲良くなって、お互いにお客様を紹介し合ったり、仲良くなった人が主催するセミナーの講師をさせてもらったりするなど試行錯誤を重ねました。そうして、少しずつお客様の増やし方がわかるようになりました。

これから開業する院長先生に私のような苦労をして欲しくはありません。そこで、お伝えしたいのは、事前に患者さんの獲得ルートを考えておいて下さい、ということです。

私の場合、他の士業の方と組んでお客様を紹介し合いました。この方法は医院でも応用できると思います。眼科の医院を開業する際、近隣の流行っている糖尿病クリニックの院長先生と仲良くなっておくとか、歯科を開業する際、金属アレルギーを扱っている皮膚科クリニックの院長先生と仲良くなっておく、小児科を開業する場合は近所の産婦人科の院長先生と仲良くなるなど、考えればいろいろなアイデアが出てくるのではないでしょうか？

スタッフの採用の仕方がわからない

さて、その後、幸い私の税理士事務所はお客様が順調に増えていきました。お客様が増えてくると、事務作業はどんどん増えていきます。そうすると、スタッフを増やさないといけません。

そこでハローワークで税理士事務所の経験者を募集したところ、Ｆさんが面接に来られました。当時の私は採用面接のやり方もよくわかっておらず、履歴書を見ながら15分程度Ｆさんと他愛もない雑談をしただけで、その場で内定を出し、さっそく次の日から出勤してもらうことにしました。

今思い返すと私は面接をする前に、内定を出すことを決めていたような気がします。当時の私はお客様を増やすことに意識の大半が集中していて、採用面接は、とても面倒臭い仕事だと感じていたのです。「いい人を採用する」という考えも、当時の私にはほとんどありませんでした。チームワークを高めてみんなで力を合わせて仕事をするという考え自体もなく、悪く言えば「スタッフは誰でもよい」と考えていたのかもしれません。また、給料を払えば、スタッフはきちんと働いてくれるものだと信じ込んでいました。また採用したスタッフを育成するという考えもありませんでした。

今では「スタッフを採用したら、きちんと育成を考えましょう」とお客様にアドバイスしていますが、当時私が同じことを誰かに言われたら、「え、なんで？　私が給料を払ってるのに、さらに育ててあげなきゃいけないの？　自分の力で育ってよ！」と思ったでしょう。

3か月後、Fさんは妊娠したということで事務所を辞めていきました。「おめでた」なわけですから祝福して送り出したものの、Fさんには、その後いくら電話をかけても出てもらえず、実は十数年経った今でも音信不通です。たぶん本音では、私や職場の仲間にかなり不満があったのだと思います。妊娠を機に私たちと縁を切りたかったのだろうと思います。

その後、Kさん、元税理士受験生のTさんやOさんも採用したのですが、ことごとく3か月～1年の短期間で辞めていってしまい、いずれも長続きしませんでした。

多くのスタッフが辞めていくということは、何かしら私や事務所スタッフに不満を持っているわけですから、いつも事務所内に嫌な空気が漂っており、狭い空間の中でスタッフ同士のいがみ合いが続いていていました。

「○○さんが、こんなこと言ってきたんです！　注意して下さい！」

「いえ、△△さんこそひどいんです！」

毎日スタッフが目を吊り上げて、同じ職場の仲間なのに、お互いの欠点を私に訴えてきます。スタッフのいがみ合いがどんどんひどくなり、ウンザリしていきました。次第に私は事務所に顔を出すのが億劫になっていきました。

今思えば、お客様がどんどん増えていく局面で、「人手不足に陥り採用をする」「仕事さえできれば性格はあまりこだわらない」という私の採用のスタンスは間違いでした。

繰り返しになりますが「忙しくなったから採用」「欠員が出たから採用」というやり方をとり続けると、価値観がバラバラの人たちが集まる烏合の衆となってしまい、何かのトラブルをきっかけに、いつかは組織が崩壊します。欠員補充をするのではなく、「プラス1名」の採用を心がけていただきたいと思います。

スタッフの育て方がわからない

当時の私は、スタッフ間で生じたいがみ合いを解決することができず、放っておくことにしていました。そうすると今度は、スタッフ同士の不満は、私に対する不満に変わっていきました。スタッフの私に対する接し方がギスギスしたものになり、明らかに私に不満を持っているような態度をとるようになりました。妻は当時、1日のうちの半分くらい、事務所で仕事していましたが、私とスタッフの間で板挟みになってしまいました。今考えると当時の妻は、とても辛かっただろうと思います。そして気づくと、妻もスタッフと同様、私に不満を持っているようでした。

私が「○○について取り組もう」と前向きな提案してみても、妻が真っ先に「えっー、嫌だ」と反対するようになったのです。

「私は家族の将来のために必死に頑張っている。妻もそんな私を応援してくれるに決まっている」

と勝手に信じ込んでいた私にとって、私の意見に反対する妻のことを、内心苦々しく思うようになってしまいました。

今思い返すと、当時の私は妻のことを、

「人件費のかからない、自分にとって都合のよいスタッフ」

と考えていたように思います。いくら家族であっても、何の報酬もなく、ただただ忙しく働くだけだとすれば、私に対して協力的でないことも十分に理解できます。

これはよくないと考え、そのころから妻にきちんと労働時間に見合った給料を払うようにしました。

「もらった給料の半分は家族のために使って欲しいけど、あとの半分は自分の好きにしていいよ」

と妻に言うとそれ以降、見違えるように急に熱心に働き始めてくれました（笑）。

顧問先のみなさまには、

「奥様への給料はきちんと払ったほうがいいですよ」

「そのほうが奥様も医院経営に気持ちよく協力して下さいますよ」

とアドバイスをしていますが、それは私のこんな体験から来るものです。

このように、当時の私には至らない部分が多々あり、妻を責めることはできません。しかし一方で、経営者の妻は本人に自覚があろうとなかろうと、スタッフから見ると経営者側の人間です。院長夫人が院長先生の考えに反対すると、「経営者側の奥さんでさえ反対しているから私たちも反対して当然だ」というお墨付きをスタッフに与えてしまいます。
特に私の妻のように、決して偉ぶることがなく、スタッフと同じ目線で働く人は、自分自身が経営者側の人間だという自覚が芽生えにくいように思います。院長夫人の場合でも同じことが起こり得ると思います。奥様には、ご自分の言動が周りの人たちにどう映っているかに意識を向けるようにしていただければと思います。

さて、スタッフの採用ができると、今度は育成をしていかなければなりません。スタッフを育てるためには、まずは院長先生と奥様が同じ考えを持っていなければなりません。ご夫婦の意見のすり合わせがされておらず、お二人がバラバラのことを言ってしまうと、スタッフは院長先生と奥様のどちらの言うことを聞けばよいのか混乱してしまいます。
そのためにも、院長先生は、奥様に相応の給料を払って院長先生の味方になってもらいましょう。奥様をタダ働きさせてはいけません。そして今後の医院の経営方針について夫婦でよく話し合いをして下さい。

実際にスタッフの育成をしてみて私が驚いたことは、人に仕事を教えるのは、自分がやるよりも3～5倍くらいの時間がかかるということです。もしかすると相手によっては10倍くらい時間がかかるかもしれません。また、仕事を教えてもらっても、人によって理解するスピードがバラバラで、なかなか思ったように理解してくれないということもあるでしょう。

「こんなに丁寧に説明しているのになぜわからないの？」

「この前も同じ説明をしたよね？　これで何回目？」

「なぜもっと真剣に仕事を覚えようとしないの？」

相手を責める心が心の中にムクムクと出てきては、

「いやいや、ここは我慢しなきゃ」

という辛抱の繰り返しです。


自分が期待するスピードで育ってくれるスタッフは皆無に等しく、ほとんどの人が自分が想定しているスピード以下でしか育ってくれないでしょう。特に開業時に、スタッフの物覚えの悪さにウンザリされる院長先生はたくさんいらっしゃることでしょう。

しかしよくよく考えると、院長先生ご自身はこれまで10年、20年と長い年月をかけて医療技術をマスターしてこられたわけで、たった数か月で院長先生のお眼鏡にかなう仕事ができるようになるはずがありません。イライラするだけ損です。院長先生には、じっくりと育ててあげる心の余裕を持っていただきたいと思います。

出費が恐い（お金に対する感覚がつかめない）

開業直後にスタートダッシュに成功し、金銭的な苦労をほとんどされなかったという院長先生が時々いらっしゃいます。しかし、ほとんどの院長先生は、預金残高がみるみる減っていき、どんどん心細くなっていくという経験をされたと思います。資金がどんどん減っていくと本当に心が荒みます。実際、私自身がそうでした。

残高が減っていく預金通帳を見ながら、

「無駄な経費はないか?」

「この経費はもっと安くなるのではないか?」

「しかし、根本的に売り上げが上がらないとどうにもならないよな……」

こんなことを堂々巡りでずっと考えていました。


私がサラリーマンのころは、1日に使うお金はランチ代くらいしかないので、毎日使うお金は千円前後でした。しかし開業すると、

「今日はお客様のところを訪問しなきゃ」

で往復の交通費が数千円。

「面白そうな研修があるな、申し込んでみよう」

で参加費が数万円。

「将来的にこの人と組んで仕事がしたいな、食事に誘ってみよう」

で食事代が1万円。

何か行動を起こすたびに、お金がチャリンチャリンと出ていきます。サラリーマン時代には、日々の活動費は勤務先で経費として精算できたのですが、開業すると全額自己負担になります。


本来商売は、入ってくるお金の額と出ていくお金の額のバランスを上手く取りながら大きくしていくものだと思います。それが当たり前なのですが、頭の中ではわかっていても、なかなかその感覚が掴めずに、出ていくお金のことばかりが無性に気になります。大事なことは、お金が出ていくことではなく、払ったお金以上の成果を自分が出せるか？　なんですけどね。

開業した直後は金銭感覚がサラリーマン時代とは大きく変わるため、自分自身がその変化についていけず、毎日が混乱の連続でした。

開業してから医院の収支が軌道に乗るまでには、1年半くらいはかかると思います。また、出費に対する恐怖心が心の中からなくなるのに、私自身は10年近くかかったように思います。

開業時のお金に関するストレスを少しでも減らせるように、開業の際、どのくらいの人数の患者さんが来たら、医院の収支はどうなるのかを開業コンサルタントにシミュレーションしてもらい、事前に心の準備をしておきましょう。そして当初の開業計画が予定通りに進んでいるかを定期的に確認してみて下さい。

事前に開業計画を立てていれば、いたずらに出費を恐れる必要はありません。当初想定したとおりに資金残高が推移しているかを考えればよいことになります。

また、開業時の運転資金の融資額は、銀行が許す限り多めに借りておいたほうが良いと思います。たとえ銀行から借りたお金であっても、預金の残高が十分にあれば心に余裕が持てます。医院を経営している以上、医療機器などを定期的に購入し続ける必要があるため、無借金になることには、あまりこだわらないほうが良いと思います。「借金＝悪」という、借金に対するアレルギーはなくしたほうが良いでしょう。

私と妻の強みを生かして、事務所内での役割を決める

私は夫婦で税理士事務所を経営しています。事務所内でのこれまでの私たちの役割は私が「経営者」で、妻が「事務スタッフ」という認識が強く、妻には税務申告書の作成など、事務処理を中心に手伝ってもらっていました。

例えばこんな感じで、私が方針を決めます。

「今年の確定申告は3月5日に全て終わらせます。だから手順はこうで、担当者は……」

そして私が決めた方針を、スタッフの一員として妻が実行するという感じです。他にも、

「どういう人材をどのタイミングで採用するのか？」

「みんなの昇給はいくらにするか？」

「ホームページに掲載する内容はどうするか？」

「顧問料はいくらに設定するか？」

「今後の営業活動は……」

などなど、事務所全体の方針は私が決め、そして私が決めた方針をスタッフ全員に伝えるという感じでずっと運営をしてきました。妻はそのスタッフの中の一員でした。と、いいますか、それ以外に私たちはやり方を知りませんでした。

そんな中、２０２０年に、「ストレングスファインダー」というものの研修を、妻と一緒に受講しました。ストレングスファインダーはおおまかに言うと、人間一人ひとりの長所に焦点を当てて、一人ひとりがどのような長所を持っているかを理解し、それぞれの長所を伸ばしていくというものです。

細かい内容は省略しますが、ストレングスファインダーの勉強を進めていくと、「私は作戦を考えるのが得意」で、「妻は人間関係を整えるのが得意」だということがわかりました。確かに私はさまざまなことに思いを巡らせ、物思いにふけることが多く、むしろ物思いにふけること自体が楽しくストレス発散になっています。人との社交に時間を割き、何も考える時間がないまま毎日が過ぎていくと、ものすごくイライラします。

一方、妻は私とはまったく逆のタイプです。人とワイワイ騒いで雰囲気を盛り上げるのが大好きです。私のように静かに物思いにふけったりすることは一切ありません。

そこで、これからは私が「将来事務所をこうする。その手順として第一に○○、第二に△△、第三に……」というように作戦を立て、その作戦を妻が「将来事務所はこのようにします。その手順として第一に○○、第二に△△、第三に……」というふうにスタッフのみんなに伝えるという役割分担をすることにしました。

悲しいことに、同じことを言ったとしても、私が言うよりも妻が言ったほうが、みんなの心に刺さりやすいようです。

そのように事務所内での役割分担をした結果、今のところの感想としてはとても上手くいっているような気がします。

「夫婦の役割分担についてどうしようか?」と悩んでいる方は、ご夫婦でストレングスファインダーを勉強してみるのも面白いと思います。

私の事務所のコミュニケーション向上策

スタッフに対して「感謝の気持ちを持とう！」と思っても、精神論ではなかなか上手くいかないので、弊所ではスタッフ同士がプラスのコミュニケーションをなるべく自然にとれるような取組みを行っています。

取組み①　出社した時はグータッチ

朝スタッフが出社すると、みんなが近寄っていき「今日もよろしくお願いします！」とグータッチをするようにしています。これは友人の経営者から教わったもので、その友人の会社では「今日もよろしくお願いします！」と言った後で「イェーイ！」とお互いがハイタッチするそうです。私はもともとテンションが低めの人間ですので、ハイタッチはさすがに抵抗がありまして、大人しめにグータッチをすることにしています（笑）。

取組み②　朝礼で全員がプラスの話をする機会をつくる

開業したばかりのころは、朝礼では当日の業務連絡しか行っていませんでしたが、今はある研修会社が発行している冊子を使って朝礼をしています。その冊子には「お客様によいサービスをするためには何が必要ですか？」、「昨日のことを振り返って下さい」、「昨日嬉しかったことは何ですか？」などのプラスの質問が書かれていて、それに対する考えをみんなが発表し合うことで、自然とプラスのコミュニケーションがとれるようになっています。

また、朝礼の司会は新人にやってもらいます。これは、新人が職場の中で一番孤立しやすいので、新人に、先輩スタッフ全員と話す機会を作り、決して孤立しないようにすることが目的です。

取組み③　昼食をみんなで食べる

私たち税理士事務所の仕事というのは事務仕事が大半で、業務中はコミュニケーションをとることがとても少ないです。したがってお互いが強制的にコミュニケーションをとるように、昼食を一緒に食べています。

昼食を食べながら、「午前中の仕事で困ったことはないか？」、「家族はどんな状態なのか？」など他愛のない話をします。ただし現在に関しては新型コロナウイルスが感染拡大していますので、安全のために各自の机で昼食をとるようにしました。やはりコミュニケーション量が以前と比べると、格段に少なくなったように感じています。

取組み④　月1回の全体会議で税理士事務所の収支を公開する

月1回の全体会議で、税理士事務所の収支を公開しています。先月の売り上げがいくらで利益がどのくらい出たのか、私の給料を含めみんなの給料がいくらなのかをスタッフ全員が知っています。わざわざ収支を公開している理由は、「なぜ忙しいのか？（またはなぜ暇なのか？）」、「事務所は成長しているのか（または衰退しているのか？）」をみんなに知ってもらうことにより、税理士事務所の経営にみんなが興味を持って欲しいからです。

ただ単に「何が何だかよくわからないけど、先月はものすごく忙しかったなぁ」というのではなく、「あぁ、こんなに売り上げが上がったんだな、だから先月は忙しかったんだ」とわかることにより、自分の仕事内容と事務所の経営がリンクしていることに気づいて欲しいのです。それを踏まえてスタッフ一人ひとりに先月の業務について、感想を言ってもらっています。

なお、これは弊所のスタッフが会計の知識があるからできることです。会計の知識のないスタッフに対して安易に収支を公開すると、売り上げと利益の区別がつかない人もいるため、「こんなに売り上げがあるのに私の給料はこれっぽっちしかない！」などと勘違いする人が出る可能性があります。そのような可能性がある場合は、収支の公開は慎重にしたほうがよいでしょう。

取組み⑤　ランチ会は特別な空間で息抜き

月1回の全体会議の後は、みんなでランチに行きます。ランチに行くお店は、ホテルなどのなるべく高級なところを選びます。金額はだいたい1人2千円前後です。飲み会ではなくランチに行くのは、弊所のスタッフは子育て中のお母さんが多いので、夜に飲み会をすることが難しいためです。私はお酒が入ったほうが饒舌になって楽しいのですが、女性はお酒よりもおいしいデザートが出るほうが喜んでいるようです。

取組み⑥　スタッフ全員と1ON1のランチミーティングを月1回行う

取組み⑤とは別にスタッフと個別にランチに出かけて、スタッフの近況を聞くようにしています。「家族のこと」「仕事のこと」「将来のこと」など何でも自由に話してもらい、それぞれの今置かれている状況を把握しています。全員と毎月1回ランチに行くのは私一人では人変なので、男性スタッフは私、女性スタッフは妻という役割分担をしています。

取組み⑦　読書会と誕生会

弊所では、週に1回20分程度、教材を使って読書会を行って感想を言い合っています。また、スタッフの誕生月にはケーキとお花をプレゼントし、全員にバースデーカードを贈ります。

以上、弊所の取組みをお話しました。こうした取組みを実行しても弊所の離職率は10％程度あり、だいたい毎年1人は辞めていきます。残念ですがいろいろなことをやっていても、どうしても辞めていく人はいます。そんな時は「私のどこが悪かったんだろう？」と悲しくなり、毎日悶々としていました。しかし最近は、

「私が悪かったのかどうかについては、数年後にしか絶対にわからない」

のだと割り切るようにしています。

数年後に弊所のお客様が増え、スタッフの数が増えているのであれば、「この税理士事務所に顧問を頼みたい」というお客様と、「この税理士事務所で働きたい」と思っているスタッフが共に増えたわけで、私のやっていることは大筋で正しかったのだろう、逆に、数年後にお客様が減り、スタッフ数も減っているのであれば「この税理士事務所には頼みたくない」というお客様と「この税理士事務所では働きたくない」というスタッフが共に増えているわけで、私のやっていることは間違っていたのだろう――そう思うようにしています。

スタッフが辞めていった理由として、経営者である私自身に問題があったケースも多々ありますが、中には事務所が成長するスピードに、スタッフ自身の実力がついていけずにドロップアウトした人もいます。

事業は絶えず変化し続けています。そして成長するか後退するかのどちらかです。今の状態

のまま、未来永劫続くことは絶対にありません。

成長すると成長についてこられない人が辞めていきます。後退すると優秀な人が辞めていきます。結局前に進もうと後退しようと、誰かが必ず辞めていきます。そしてその辞めた人がどちらなのかは、辞める時点では判断ができないのだから、「また人が去ってしまった。なんて自分はダメな経営者なんだろう……」などと必要以上に自分を責めないようにしよう、今はそう思うようにしています。

職場が円満でみんながハッピーになれる秘訣があれば、私が教えて欲しいくらいです（笑）。

※　ここでご紹介した弊所の取組みについては、ユーチューブチャンネル「医院経営の教科書」でご紹介しています。弊所内の風景も載せておりますのでご関心をお持ちいただけましたらぜひご覧下さい。

開業ステージごとの医院の状況と院長夫人の役割、私の経験からお伝えしたいこと

以上、私たちの開業からの状況と妻の行動についてお話しました。私は子供のころから人に悩み事を相談したり、人に弱いところを見せたり、人の力を借りたりするのが苦手な性格で、全てを自分自身で決め、実行し、そしてその結果、見事に失敗もしてきたように思います。

そのような全てを自分の中に秘めてしまう性格は、希望する高校や大学に合格し、税理士試験に合格し、独立に必要なスキルを身に付けるために、自分一人でコツコツ努力するといった場面では、とても役に立ったように思います。しかし、開業すると自分一人でできることはたかが知れています。みんなでチームを作って成果を出していかなければならない場面では、自分一人で努力し続けて成果を出すというこれまでの自分の長所が、逆に短所になってしまったように思います。

最初から妻とよく話し合い、妻の意見を尊重しながら経営していけば、いろいろな人を傷つけず、自分自身も嫌な思いをしないで済んだのではないか、今はそう思っています。

ここで改めて、開業するドクターとその奥様へ、私の経験を踏まえたアドバイスです。

1. 開業する前から患者さんをどうやって増やすのかを考えておく
2. スタッフの採用に熱心に取り組む
3. スタッフの育成に熱心に取り組む
4. 出費を恐れない（その出費の先の成果にこだわる）

もし、ご主人が、一人でコツコツ努力するのが得意だという性格なら、その性格は開業した後はむしろ邪魔になることがあります。開業したときというのは何の仕組みもなく、全てが混乱しているからです。降りかかるたくさんの困難に一人で立ち向かっても良い結果を得ることは難しいでしょう。そこで奥様の力があると院長先生であるご主人はずいぶん助かるはずです。周りの人たち（特に奥様）の力を借りたほうが楽だし正解に早くたどりつけることでしょう。

なお、ご主人が開業したからといって、奥様がずっと医院を手伝い一生涯ハードワークに耐え続ける必要はありません。その理由を、クリニックの開業直前から利益が出るようになるまでの、以下の三期に分けてご説明します。

開業第Ⅰ期　開業直前～開業後3か月くらいまで

開業第Ⅱ期　開業4か月ころ～収支トントンになるまで
開業第Ⅲ期　収支トントン～利益が出るようになるまで

開業第Ⅰ期　開業直前～開業後3か月くらいまで

このころの院長夫人の役割は何でしょうか。

まずはメンターになる

奥様は、まず、院長先生のメンター（助言者）になってあげて下さい。院長先生は今まで会ったことがない建設会社や医療機器ディーラー、医薬品の卸業者、税理士事務所、社労士事務所などさまざまな業種の人たちといろいろな打ち合わせを行い、巨額の融資を受け、そして業者へ支払いを行っています。おそらく、頭の中がとても混乱されていることでしょう。

そこで、奥様は今日どんなことがあったのか、ご主人の話をゆっくり聞いてあげて下さい。そしてご主人の頭の中が整理されるのをじっくり手伝ってあげて下さい。

「仕事のことを考えるのは勤務時間中だけ」という割り切った生活スタイルは、これから一

■開業第一期の状況

医院の状況（混沌とした状態）	院長先生の状況	スタッフの状況
・本来あるべき備品や事務用品が揃っていない ・患者の来院～会計までの仕組みができていない ・そもそも患者が来ない ・いろいろな役所からさまざまな郵便が届くが、どうしていいのかわからない ・いろいろな業者からセールスの電話がかかってくる ・十分なスタッフ数が確保できていない ・建物内装代や医療機器購入代など、今まで経験したことのない数千万円単位の支払いが続く	・関連業者が納品や各種打ち合わせが途切れることなくやってきて、目が回るほど忙しい ・人を雇ったことがないため、スタッフの仕事のレベルに不満を持ちやすい ・目の前の仕事をこなすだけで精一杯 ・銀行から借りた数千万円単位のお金が支払いのため消えていくので心細い	・（例外はあるが）単なる人数合わせで採用した寄せ集めの集団であることが多い ・院長先生がスタッフのことにまで意識が回らないため、労働環境に関する不満が出やすい ・みんなが結託した場合、全員退職などの極端な方向に意見が傾くこともある

国一城の主になる人にとっては、あまり好ましい生活スタイルではありません。経営者は24時間365日ずっと仕事のことについて考えているのが普通なのです。夕食を食べながら、奥様は今日あったことの振り返りにぜひ付き合ってあげて下さい。

私が見る限り、開業直後の院長先生は目が回るほど忙しい毎日を過ごしていますが、実はそのほとんどが、業者からのさまざまな納品に立ち会ったり、各種機器の使い方の説明を受けていたり、ということが多いと思います。

「これから患者さんをどのように増やしていくのか？」とか「現場経験の

少ないスタッフについて今後のスキルアップにどう取り組んでいくか?」などの根本的に医院を良くするような生産的な取組みについては、手がつけられていない場合が多いように思います。もしそれらについて考える余裕がありそうであれば、今後の取組みについても聞いてあげて下さい。今の忙しさは開業時特有のもので、開業後1か月も経つと落ち着いていきます。開業されたドクターはみんなが通る道ですからこの時期に忙しいのは仕方がないと割り切るしかないでしょう。

院長先生とスタッフの懸け橋になる

ここで注意していただきたいのは、この時期は院内の人間関係がとても不安定であり、忙しいからといってスタッフのことをないがしろにしてしまうと、不満が出やすくなってしまうということです。

このステージでの院長先生には、以前勤務していた医院のベテラン看護師や受付の人たちのテキパキ働いている残像が強く残っており、のんびり働くオープニングスタッフの仕事ぶりに決して満足できないことが多いように思います。

また、初めての給料を支給した後で、「残業代の計算がおかしいのでは?」とか、「開業準備中の給料や交通費の計算はどうなっているのか?」などの質問をスタッフから受けやすい時期です。「たいして忙しくもないのに、権利の主張ばかりして！」などと院長先生が内心ムッとしたとしても、必要以上にスタッフとの人間関係をこじらせないよう、奥様はスタッフへの差入れや感謝の言葉の投げかけなど、院長先生が苦手な分野の仕事を引き受けてあげて下さい。

スタッフから見れば奥様も院長先生と同じ経営者側の人間です。院長先生に行き届かない点があったとしても、奥様から優しく接してもらっていれば、スタッフの気持ちはずいぶん和らぐと思います。

可能な範囲で、院内業務のあらゆることを手伝う

こと開業時に限って言えば、院内は非常に混乱しているため、奥様の力添えがもっとも必要な時期です。

「開業祝いの花が届きましたが、どこに置きましょうか？」
「町内会の人が訪ねて来られましたけど、どうしましょうか？」
「トイレの電球が切れそうなんですけど、どうしましょうか？」

小さな判断が必要な場面でも、スタッフ自身はそれを判断できる立場にはなく、かといって院長先生も目が回るほど忙しいので、そのような場面で、奥様が対応して下さると院長先生はとても助かると思います。

また、この段階でのスタッフは、まだまだ院内の業務に慣れておらず、一人前の仕事量がさばけませんので、たとえ3人のスタッフがいたとしても2人分くらいの仕事量しかできないかもしれません。

そのような中で奥様が手伝って下さると、スタッフからの院長先生に対する不満も出にくいように思います。状況によっては奥様に小さなお子様がいたりして、なかなか院内でガッツリ働くということがかなわないかもしれませんが、院長先生やスタッフが奥様の力を一番必要としている時期が開業直後の第Ⅰ期です。可能な範囲で構いませんので、「ほんのちょっとだけ無理をする」感覚でお手伝いをしていただければと思います。

ただし、一方で、奥様が院内の業務から抜けられないような状況が何年も続くのは、決して好ましい状態ではないとも思っています。院長先生とよく話し合いをして、なるべく短い期間で収支をトントンまでもっていき、最長でも3～5年を目処に奥様が院内業務の第一線から退くことができるようにもっていっていただきたいと思います。

開業第Ⅱ期　開業後4か月ころ～収支トントンになるまで

開業時の混乱期を脱し、だんだん落ち着きを取り戻すことができれば、開業Ⅱ期となります。

競合医院が周辺に少なく、ホームページを細かく作り込んだり、内覧会やご近所へのあいさつ

■開業第Ⅱ期の状況

医院の状況	院長先生の状況	スタッフの状況
・開業直後の混乱がようやく落ち着く ・良くも悪くも開業時に患者さんを増やす努力をしたかどうかの結果が出始める ・求人を出しても雇用条件が他院に劣るため応募が少ない	・医院の収支のことが気になる ・人を雇う気苦労が出始める	・人間関係は不安定なまま ・退職者が出始める ・採用しては退職されるの繰り返し

をしっかり行って、地域に溶け込むことができた場合、早い方では開業後3か月もすると収支がトントンとなり開業Ⅱ期を迎えます（遅い方では3～5年以上かかる場合もあります）。

第Ⅱ期の院長夫人の役割はどのようなものであるべきでしょうか。

第Ⅱ期となるとほとんどの医院で退職者が出始めます。残念ですが人事マターをノーミスでいく（問題がまったく起きない）ことは諦めましょう。

そうはいっても、人が自分の前から去っていくことは（退職に正当な理由があったり、退職する側に非があったとしても）、とても寂しく感じてしまうものです。できるだけそのような経験が少なくなるように、新人スタッフの採用と定着に力を貸してあげて下さい。

女性のほうが人を見る目が肥えていることが多いと思います。スタッフ採用の最終決定は、男性の院長先生がするよりも、女性である奥様が行なった方がよいかもしれません。「採用しようかどうしようか？」と悩まれたら、その人のことを奥様が好きか嫌いかで判断してしまってもよいと思います。ただし、採用したスタッフは、決して放っておかずに、こまめに声かけをしてあげて下さい。

この段階では、奥様が開業時ほどはガッツリ医院に入ってお仕事を手伝う必要はありません。奥様は少しずつ医院の現場のお仕事から抜ける準備をして下さい。医院の収支がようやくトントンまできたなら、あと少しの辛抱です。利益が出るようになったら、その利益でスタッフを1人多めに雇い、みんなに仕事を引き継いで下さい。

開業第Ⅲ期 収支トントン～利益が出るようになるまで

第Ⅲ期にもなると、預金の残高も安定しながら少しずつ増えていきます。この頃になるとようやく開業時のゴタゴタが一通り終わったような状況で、医院経営の流れが一通りわかるころではないでしょうか？

第Ⅲ期の院長夫人の役割はどのようであるべきでしょうか。

この段階まで来るとお金に関する心配事は少なくなります。思い切ってスタッフを増員し奥

■開業第Ⅲ期の状況

医院の状況	院長先生の状況	スタッフの状況
・一日の流れ、一か月の流れ、一年の流れがおおむねわかってくる	・今の状況を維持するか、それともスタッフ増員や医療機器の購入を行い、さらに上の医院を目指すかどうか考え始める ・人を雇う気苦労は絶えない	・開業時ほどではないが、定期的に退職者が出る ・採用しては退職されるの繰り返し

様の仕事を引き継いでいきましょう。「せっかく利益が出始めたのに、人を雇うなんてもったいない！」なんて思わないで下さい。この時期に奥様に幼いお子様がいらっしゃる場合は、育児メインの生活に戻られたほうが良いと思います。今後は医院特有の問題であるスタッフの採用と定着が課題になってきます。この問題は医院を経営している以上、ずっとつきまといます。いっそのこと諦めて、この問題に一生向き合うんだと前向きに受け容れるしかないでしょう。

スタッフが退職してしまい、どうしても次のスタッフが採用できない場合のみ、その期間のバッファ（緩衝材）として奥様が現場をお手伝いされるというスタンスが良いと思います。ギリギリの人数で回していると、スタッフが1人辞めただけでも現場に激震が走りますし、仮に辞めなかったとしても、そのような人手不足の状態を放置しておくと、「私たちの犠牲の上で医院が成り立っている」という雰囲気がスタッフの間に蔓延してしまい、待遇改善などについて強く主張してくるスタッフも出現しかねません。

そのようなときに「困ったな……」と頭を抱えるのではなく、「私が現場に入りますから、どうしても嫌だったら辞めてもらって結構です」と毅然とした態度がとれるよう、奥様には裏に控えていていただきたいと思います。医院の現場で忙しく働いているだけが、医院を手伝っているということではありません。いざという時に毅然とした態度をとれるよう、心の準備をしておくことも医院の助けとなります。

●付 録●

付録1　院長夫人からよくある質問

私はこれまで、多くの院長夫人の方々と接する中で、たくさんのご質問をいただいてきました。そうしたご質問の中で、よく尋ねられてきたことについて、私の回答と併せてご紹介いたします。これまでにお伝えしてきたことと重なる話もありますが、復習も兼ねてどうぞお付き合い下さい。

質問①　院長夫人の仕事って何をすればいいのでしょうか？

この度、主人が開業することになりました。現在開業に向けて準備をしている最中です。私自身、なるべく主人の力になりたいと思っているのですが、主人から具体的に「何をどう手伝って欲しい」と言ってもらえずに戸惑っています。私はいったい何をすればよいのでしょうか？　他の院長夫人はどんなことをされているのでしょうか？

〔回答①〕　院長夫人の最も大切な仕事は、医院の人間関係を整えることだと思います。

これは開業される院長夫人からよく受ける質問です。

院長先生にとって医院の開業は、人生において初めての経験なわけですから、「これから何が起きるのか？」についてはまったく想像がつかず、未知の領域で、奥様に具体的な指示や希望を伝えることができないのだと思います。開業して数か月も経つと「医院経営とはどういうものなのか？」が少しずつ見えてくると思います。そして、そこからもうしばらくすると、奥様に対して「これを手伝って欲しい」などの具体的な要望が出てくると思います。院長先生の頭の中が今は混乱していますので、院長先生が頭の中をしっかり整理できるように、ご夫婦の間で密にコミュニケーションをとって下さい。

さて、個人的には院長夫人の最も大切な仕事は「スタッフに感謝の言葉を投げかけること」と「スタッフにおやつの差入れをすること」だと思っています。

これは、結構マジメに答えているつもりです（笑）。

院長先生は男性で、スタッフは女性です。私見ですが（男性と違い）女性は怒られることを極端に嫌う傾向にあるように感じています。しかし院長先生が日々の診療の最中に「イラッ」として、ついつい態度や言葉に出してしまうことは多いようです。

私自身、普段は温厚な院長先生が、診療中は時間に追われながら殺気立っている姿を拝見して、びっくりすることがあります。

院長先生はものすごく忙しい日々を送っていらっしゃるので、奥様はスタッフに寄り添いながら、日々のストレスを上手にガス抜きしてあげるだけで十分です。

院長夫人が「いつもありがとうございます」と、感謝の言葉をかけてスタッフにスイーツなどの差入れを持ってフォローに入ることにより、院内の人間関係が修復されていくように思います。

スタッフの入れ替わりは、想像以上に収支に影響を与えます。なるべくみんなが楽しく働けるように人間関係を整えていくことが、院長夫人の最も大事な仕事のように思っています。

質問② 他院の悩み事で最も多いものは何ですか？

日々顧問先の医院から、いろいろな相談を受けられていると思いますが、医院経営に関して一番多い悩み事は何ですか？　他の医院ではどんな問題が発生しているのですか？

〔回答②〕　医院経営に関する悩み事の中で、一番多いのは「どうしたらスタッフを採用できるか？」だと思います。感覚値ですが、5～6割くらいの医院様は、スタッフの採用が上手くいかないと悩んでいらっしゃるように思います。

二番目に多いのが採用はできたけれども「（極端に）物覚えの悪いスタッフがいる」や「院長に対して反抗的なスタッフがいる」という「問題のあるスタッフにどう対処したらよいか」についてです。

そして三番目に多いのが「病院にお金がない」ことでしょうか。

「理想の医療を提供したい！」と高い志を持って開業しても、残念ながら現実の悩み事は医療ではなく「人とお金」に関するものが圧倒的に多いのです。

「どうすればよい人を採用できるか？」、「採用したスタッフをどう育てるか？」、「どうすれば院内の人間関係が良くなるのか？」を院長先生と一緒に考えるというところが、院長夫人の腕の見せどころなのかもしれませんね。無理して正解を出す必要はなく、二人でゆっくり考える時間が大切なのだと思っています。

質問③　実は毎日がヒマなんです……。

先日主人が実家の病院を事業承継し、医療法人の理事長に就任しました。それに伴って私は医療法人の理事になったのですが、理事としての仕事は月に数回程度です。１週間のうち仕事があるのはわずか半日程度で、残りの日は暇でしかたがありませんが、どうしたらよいでしょうか。ちなみに私自身看護師ではありますが、今さら主人の病院のお仕事を一から教えてもらうのも抵抗があります。

〔回答③〕　このような悩み事を抱えていらっしゃる院長夫人は実は多いのではないでしょうか。

奥様は経営者側にいらっしゃる以上、忙しく充実した日々を送ることは、おそらく無理なのではないかと思っています。経営者のお仕事は、業績を上げることであり自分自身が医療現場を忙しく走り回ったり、「○時から△時まで」と時間を拘束されるような仕事ではありませんよね。奥様の仕事は医院経営が上手くいくような今後の方針を決めることで、院内を朝から晩まで飛び回りクタクタになって「あー今日もよく働いたな！」と心地よい疲れを感じるような日々はたぶんこれからもずっと来ないでしょう。

逆に言うと、経営者は暇を持て余しているからこそ、いろいろなことが考えられるわけでして、むしろそうした時間を確保するためには、忙しい毎日を送るべきではありません。

医院の規模が大きくなればなるほど、医療現場の仕組みは出来上がっており、スタッフが動いてくれます。院長夫人の日々の達成感や充実感はますます少なくなっていくでしょう。

院長先生はスタッフ管理が苦手な方が多いですし、今後は院長先生の苦手な分野をフォローするために、奥様は採用面接に立ち会われるのが良いと思います。

これから3年もすると、あなたの医院の約4割のスタッフが入れ替わります※。

3年後、約4割のスタッフは奥様が採用したスタッフになります。採用のお手伝いをしながら少しずつ奥様と仲の良いスタッフを増やし、ご自身の院内での居場所を作られてはどうでしょうか？

※　3年以内離職率と離職の理由について

先日、あるクリニックの人事コンサルタントから、医療機関の3年以内離職率は38％だと聞きました。なお、この38％という数値はあくまでも大病院を含む医療機関の平均値であり、小規模クリニックの離職率はもっと高いそうです。

離職の理由としては、

1位……**人手不足で仕事がきつい**
2位……給料が安い
3位……**思うように休暇が取れない**
4位……夜勤がつらい
5位……職場の人間関係
6位……**家族に負担がかかっている**

が上位だそうです。よく見てみると、1位の「人手不足で仕事がきつい」と3位の「思うように休暇が取れない」それに、6位の「家族に負担がかかっている」は本を正せば「人手不足」が原因です。退職者が増えると人手不足になる→残ったスタッフの仕事がもっときつくなる→さらに退職者が出るという負の連鎖に陥るということになるのでしょう。

医療機関は女性の職場なので、女性が家庭やプライベートを犠牲にしながら働くということは、私のような男性が想像する以上に苦痛なのかもしれません。

これからは少子高齢化が急激に進みますので、スタッフの採用が医院経営の肝になりそうですね。

付録2 院長夫人のお仕事の実態に関するアンケート

以前、弊所の顧問先であるクリニックの院長夫人を対象に「どのように医院のお仕事を手伝っていますか?」というアンケートをとったことがあります。アンケートの集計数は約30件程度と少数なので、正確性には少し欠けると思いますがここでご紹介します。読者のみなさまに何かしらの気づきがありましたら、幸いです。

アンケート先の対象となったクリニックのイメージ
「開業10年以内、院長先生および院長夫人の年齢は共に40代、スタッフ数は7名程度」

アンケート① 「どのような業務を手伝っていますか?」

アンケート結果(251頁表)を順に見ていきましょう。イの医療現場のお手伝いだけをしている（つまり、医療の現場には出るが、経理などの裏方の仕事はしていない）という方が5％いらっしゃいます。こちらの院長夫人は歯科衛生士さんで、医療現場で患者さんに接するのは大好きなのですが、その代わりに細かい事務作業がとても苦手なので、経理や給与計算などの事務作業は、全て院長先生がしているとのことでした。

また、ロの経理等の事務作業のみを手伝っているという方が、40％というのはわかる気がします。経理などの細かい事務作業は苦手という院長先生が多いので、経理を院長夫人が手伝っているのでしょう。

アンケート①
「どのような業務を手伝っていますか？」

	業務の内容	%
イ	医療現場のお手伝いのみ	5%
ロ	経理等の事務作業のみ	40%
ハ	医療現場と経理の両方	45%
ニ	手伝っていない	10%

意外なのはハの医院の医療現場のお手伝いと経理等の事務作業の両方をされているという奥様が45％もいらっしゃるということです。弊所の顧問先クリニックは開業して10年以内、奥様の年齢も30～40代の方が多いので、こうした段階の医院では、かなり熱心に院長夫人が医院のお手伝いをされているのがわかりますね。

また、ニの医院のお仕事を手伝っていないという院長夫人については、院長先生ご自身が、奥様には医院のお仕事を手伝って欲しくないと思っていらっしゃるようです。

全体的な傾向としましては、経理等の事務作業のみをしている院長夫人は、前職が一般事務の会社員など、医療の現場経験がない方が多かったように思います。また、経理などの事務作業と医療現場の両方を手伝っている院長夫人は、看護師・歯科衛生士・医院受付など、過去に実務経験のある方がほとんどでした。

アンケート②「1週間のうち、お仕事をする時間はどのくらいですか？」（医院のお仕事を手伝っている方のみ）

医院のお仕事を手伝っている院長夫人に対して、1週間のうち、どのくらい医院のお仕事に時間を割いていますか？　というアンケートをとったところ、次（253頁表）のようになりました。

まずはイの週1～10時間以内という方が40％と一番多かったです。これはわかる気がします。税理士事務所に提出するための経理書類のとりまとめ、社労士事務所との給与計算や社会保険手続きのやり取り、銀行振込や金銭の管理をしている場合の働いている時間は、おおむね1週間で10時間程度の業務量になると思います。

意外なのが、ニとホの常勤スタッフと同じ（週30～40時間）か、またはそれ以上（週41時間以上）に働いている院長夫人が、約40％いらっしゃるということです。詳しく状況を伺うと、「患者さんが多いので自分も常勤スタッフ並みに働かざるを得ない」とか、「スタッフの欠員が出てしまい、次のスタッフが上手く採用できないため現場から抜けられない」といった理由の方が多いようです。

少子高齢化などで若い働き手が少なくなっていると聞きますが、医療現場の人手不足という現象は、なにも大きな病院に限ったことではなく、小規模のクリニックにおいてもすでに深刻化しています。

アンケート②
「一週間のうち、お仕事の時間は？」

	一週間のお仕事時間	%
イ	1～10時間	40%
ロ	～20時間	10%
ハ	～30時間	10%
ニ	～40時間	20%
ホ	41時間以上	20%
	合計	100%

アンケート③　院長夫人の1日のスケジュール

ここではアンケートから得られた、院長夫人の1日のスケジュールで代表的なケースを3つご紹介します。

院長夫人の1日のスケジュールは、「クリニックの開業直後（つまり混乱期の真最中）」や「子育ての真最中」や「子育てが終わっているか」で、ずいぶんと変わります。

その1　クリニック開業直後の院長夫人

開業後1か月経過。4歳のお子様の子育て中。前職は歯科衛生士。
お仕事の内容は経理書類の整理と歯科衛生士業務で週40時間程度勤務。

やはり開業したばかりの混乱期では、院長夫人のスケジュールもかなりハードのようです。

もしかすると、院長先生以上の忙しさかもしれませんね。お子様を保育園に預けて夕方まで医院で働き、その後保育園にお迎えに行き、家事やお子様の世話をしながら、お子様を寝かしつけると同時に、自分も一緒に寝てしまうという毎日のようです。改めて1日のスケジュールを見てみると、奥様の頑張りに頭が下がります（笑）。

開業直後は、院長先生にとっては全てが未経験で、かつ十分なスキルのあるスタッフが確保できておらず医院全体が混乱しているため、「人手不足のため現場に入って欲し

■クリニック開業直後の院長夫人の1日のスケジュール

1：00	
2：00	
3：00	
4：00	
5：00	
6：00	起床
7：00	家事
8：00	
9：00	
10：00	医院で歯科衛生士業務
11：00	
12：00	
13：00	
14：00	いったん自宅に戻り昼食や夕食の準備などの家事を行う
15：00	
16：00	
17：00	再度医院に戻り歯科衛生士業務
18：00	
19：00	
20：00	家事・子供の風呂入れ
21：00	
22：00	就寝
23：00	
24：00	

いし、家事育児もやって欲しい」というのが、院長先生の本音でしょう。税理士事務所の話とはいえ、事実、私自身がそうでした。

開業直後の混乱期ですので、そう考えるのも仕方がないようにも感じますが、院長先生は一日でも早く奥様を楽にしてあげるために、患者さんを増やして医院の収支を整え、スタッフを増員して奥様をこのようなハードな毎日から解放してあげるよう頑張っていただきたいですね。なお、患者さんが増えず、赤字の状態が長く続くと夫婦関係や親子の関係にヒビが入ってしまうように思います。

その2　クリニック開業後3年以上経過の院長夫人

開業後6年経過。お子様は3人で一番下は3歳。前職は医院受付。
お仕事の内容は経理書類の整理で週10時間程度勤務。

開業直後は**その1**でご紹介した奥様同様、ハードな毎日を過ごしていた院長夫人も、開業して数年経つと状況が少しずつ変わってくるようです。医院経営も軌道に乗り、開業当初はギリギリの人数で回していたスタッフも増員され、その結果、院長夫人は現場の第一線から退くことができるようです。11時頃に医院に出向き、経理書類をまとめたり銀行振込などの業務を行われています。ちなみにこの院長夫人はスタッフのガス抜きのために、なるべく差入れを持っていくと言われていました。

この段階では、医院の現場が落ち着いていますので、院長先生の院長夫人に対する本

■クリニック開業後３年以上経過の院長夫人の１日のスケジュール①

1：00	
2：00	
3：00	
4：00	
5：00	
6：00	起床
7：00	家事
8：00	
9：00	
10：00	
11：00	医院に出向き経理書類の整理
12：00	
13：00	
14：00	
15：00	お子様のお迎え
16：00	塾や習い事への送り迎え
17：00	家事・子供の風呂入れ
18：00	
19：00	
20：00	
21：00	
22：00	就寝
23：00	
24：00	

音は「家事・育児を中心とした生活をしながらも、急なスタッフの退職などで人手不足になった時だけは医院を手伝ってもらいたい」と思っていらっしゃるようです。

「いざというときは院長夫人が現場を手伝う覚悟はできているけれど、今はスタッフが足りているのでその状況にない」というのが、医院の最も理想とする状態だと思います。常時ギリギリのスタッフ数で医院を回していると、予期せぬ退職者が出た際に、開業時と同じような混乱期の状況に陥ってしまいます。

したがって、このような平和な状況が続くように利益を出し続け、スタッフが退職したとしても、奥様に出番が回ってこないように「プラス1名」のスタッフを雇い、また退職者が出にくいように医院の労働環境を整えることが、この段階での院長先生の役割だと思います。

その3　クリニック開業後3年以上経過の院長夫人

開業後5年経過。お子様は全員大学生。前職は看護師。奥様は50代。
お仕事の内容は経理書類の整理と看護師業務で週40時間以上勤務。

お子様が高校を卒業したため育児に手がかからなくなり、医院のお仕事を積極的にお手伝いしている院長夫人のスケジュールです。

こちらの院長夫人は医院の最前線で活き活きと働かれており、週末に弊所が開催するセミナーにはほとんど参加されている方で、忙しい毎日をむしろ楽しんでいらっしゃるようです。出入りの業者さんとの打ち合わせや、税理士事務所からの収支報告立会い、

■クリニック開業後３年以上経過の院長夫人の１日のスケジュール②

1：00	
2：00	
3：00	
4：00	
5：00	起床
6：00	家事
7：00	
8：00	経理書類の整理
9：00	看護師業務
10：00	
11：00	
12：00	
13：00	
14：00	業者さんとのやりとり
15：00	看護師業務
16：00	
17：00	
18：00	
19：00	残務整理
20：00	
21：00	家事
22：00	
23：00	
24：00	就寝

ホームページの管理、採用活動などにも積極的に関わり、実質的に経営者の役割も果たされています。子育てが終わり、見事に医院に自分の居場所を作られた方です。

院長先生は50代後半となり、今と同じように元気に働けるのも、あと10年くらいだと思います。そろそろ医師としての自分の人生の終わり方について考えていかなければならないように思います。歯科医院を対象にしたアンケートでは、ほとんどの歯科の院長先生は65歳を目処に、引退を考えていらっしゃるようです（歯科の先生の場合は老眼の問題が大きくなってくるので、診療が難しいのだと思います）。

医科の先生の引退時期に関するアンケートはまだ見たことがありませんが、やはり70歳くらいを目処に引退を考えられるのではないかと思います。医院の後継者をどうするのか？　後継者がいない場合は引退までに借金をどうするのか？　などを考えていくことになります。

アンケート④　医療現場以外ではどのようなお仕事を手伝っていますか？

いわゆる事務のお仕事で、「どのようなことを手伝っているか（複数回答可）」アンケートをとったところ表のような結果になりました。

■医療現場以外でのお仕事は？

	医療現場以外のお仕事	院長夫人が業務をしている割合
イ	経理書類の整理	90%
ロ	銀行振込	90%
ハ	給与計算	40%
ニ	スタッフ入退社の手続き	40%
ホ	業者さんの窓口	60%

その他の業務
- ブログ記事のアップなどホームページやSNSの管理
- 院内消耗品の買い出し
- 花壇の植え替えやフロア清掃などの建物管理
- 求人広告と採用面接
- 助成金の申請

まずイの経理書類の整理とロの銀行振込は、ほとんどの院長夫人が行われているようです。ハの給与計算やニのスタッフの入退社に伴う健康保険や厚生年金の加入（もしくは脱退）手続きも4割の方が行われているようです。あとの6割の方はこれらの業務を社労士事務所に頼んでいらっしゃるようです。

ホを見ていただいた通り、院長

夫人の6割が出入りの業者さんの窓口になっておいでで、これは診療時間中は、院長先生が手が離せないからだと思います。

その他の業務としてはホームページやSNSの管理なども、院長先生が苦手な場合が多いので、院長夫人が発信しているというケースもありました。中には助成金の申請をしているという社労士顔負けの院長夫人もいらしゃるようです。

アンケート⑤　医院の中ではどのような業務を手伝っていますか？

医療現場の中に入り、実際に看護師業務や歯科衛生士業務、医院受付業務など、日々患者さんに接していらっしゃる院長夫人は、全体の5割くらいのようです。繰り返しになりますが、弊所の顧問先クリニックは開業10年以内、平均年齢が40代、スタッフ数が3～10名くらいのクリニックが多いので、貴院が開業後10年以上経っていたり、もう少し規模が大きかったりすると違った結果が出るでしょう。

さて、医療現場の最前線で働いている院長夫人はどのような業務を行っているのでしょうか？　アンケート結果（複数回答可）は次のようになりました。

アンケート結果を見ていますと、まず医療現場に積極的に関わる院長夫人の全員が、ハの求人広告や採用面接に関わられていることに驚きます。私自身がそうなのですが、医師や税理士などの専門職の男性は、一般的に職人気質の人が多く、本業には熱心に取り組めるのですが、スタッフの採用活動など人事については、億劫に感じる人が多いように思います。そこを上手く院長夫人がフォローされているのでしょう。

またイ～ニのデータを見ていますと、看護師や歯科衛生士、医院受付をしながら同時に求人面接、シフト管理を行うなど、院長夫人が医療のチームを作り上げ、医院のリーダー的な役割を果たされているのだと感じます。

この場合、院長先生は医療そのものに専念できますので、スタッフ管理などの医療以外のことまでやっていらっしゃる院長先

■医院ではどの業務を手伝っていますか？

	医院の中でのお仕事	院長夫人が業務をしている割合
イ	看護師・衛生士などの診療行為	60%
ロ	医院受付	60%
ハ	求人・面接	100%
ニ	シフト管理	70%

その他
- スタッフへの差入れ
- スタッフ面談
- ポスターなどの院内掲示物の作成
- 院内勉強会の企画と開催

生に比べると幸せであると言えます。

スタッフに差入れをされている院長夫人もいらっしゃいますね。素晴らしいと思います。私は、院長先生や奥様のスタッフに対する態度は、「少しだけ媚びを売る」くらいでちょうどいいと思っています。反感を買うことを承知でお伝えしますと、ほとんどの院長先生は診療中は表情が険しく、男性の私でさえ近寄りがたいことが多いです。女性スタッフは、診療中の院長先生にはなおさら近寄りがたいと思います。

今日は患者さんが多くてみんながとても疲れていたとしましょう。そのときの院長先生は、「むしろ私が一番忙しかったんだぞ」というのが本音なのかもしれませんが、それを表情に出してしまうと、スタッフの頑張りも報われませんよね。

そこで院長夫人が数千円程度のもので構いませんので、「いつもありがとうございます」と言ってお菓子の差入れをすると、スタッフの心証もずいぶん変わると思います。

スタッフから見れば、院長先生も院長夫人も「経営者」という意味で同じ立場に見えています。

院長夫人から労《ねぎら》いの言葉をかけてもらえれば、それは院長先生から労いの言葉をかけてもらったのと同じです。院長先生が女心がわからないぶっきらぼうな男性の場合、院長夫人の活躍の場はますます広がります（笑）。

おわりに

以上、これまで好き勝手にいろいろなことを述べさせていただきましたが、税理士という職業はとても変わった仕事だなぁとつくづく感じています。私はいろいろな院長先生や奥様の悩み事を伺うのですが、その悩み事の多くは似通ったものです。「みんなそうですよ。ちなみに私もそうです（笑）」と言ってさしあげるだけで半分くらいの悩み事は解決してしまいます（巻末付録として院長夫人からよくあるご質問をご紹介しました。ご参考になりましたら幸いです）。「なんで自分だけがこんなに苦しいの?」と悩んでいることは、実はみんなが経験していることなのかもしれません。

「自分だけじゃないんだ!」

とわかったとき、奥様が悩まれていたことは自然に解決してしまうかもしれません。

また、それでも解決できそうにないことでも、

「ある医院さんでは○○なことがあり、△△の方法で解決されましたよ」

「別の医院さんでは××なことがありまして……」

と似たような事例を紹介して、

「それを踏まえてどうしましょうか？」

と質問するともう答えは出ているようです。


かくいう私自身も日々悩み事が尽きませんが、

「あのとき顧問先の○○院長はこういうふうに解決されたな」

と考えているうちに自分自身の悩み事は、自然とどこかに吹き飛んでしまいます。


「自分だけが苦しいのではなく、全て苦しみは事業が成長していく中での成長痛である」とお考えになることができれば、苦しんでいるのが馬鹿らしくなります。

院長先生は、何でも心おきなく話せる奥様がいらっしゃれば、最短の時間で悩み事が解決できるように思います。何かに挑戦し、そして壁にぶつかるとき、人は悩みます。ご心配なさらずとも困難は「これでもか！」というくらいにこれからも降りかかってきます。そんなときに「よし、夫婦で力を合わせて乗り切ってやる！」とぜひ自分自身に喝を入れてあげて欲しいと思います。

嫌なことがない人生なんて幻想に過ぎませんし、そうした人生を望むのはむしろ無駄ではないでしょうか？

幸せは意外とものすごく身近なところにあって、その幸せというのは、夫婦関係や家族との関係が円満であることなんだと私は思っています。

決して私たちの税理士事務所が上手くいっているわけではありません。恥を忍んで告白すると、これまでにも、

「こんな事務所辞めてやりますよ」

などと私に悪態をついて辞めていったスタッフもいますし、最後までなぜ辞めるのか本心を決して明かすことなく辞めていったスタッフもたくさんもいます。

そんなことがあるたびに、

「私のどこがいけなかったのだろうか？」

「私は本当は経営者に向いていないんじゃないだろうか？」

「実はみんな、本心では私のことを嫌ってるんじゃないのか？」

などと疑心暗鬼になり自信喪失してしまいます。

お恥ずかしい話ですが、そんなことがあるたびに妻は、

「大丈夫じゃない？　私が頑張るから何とかなるよ」

と言ってくれます。

実際、今まで何とかなってきましたし、これからも何とかなっていくのだろうという根拠のない自信が最近は芽生えてきました。

夫婦経営をしているからといって、トラブルがなくなるわけではありません。これからもいろいろなトラブルや大変なことが、「これでもか！」というくらい私たちの身の回りに起きることでしょう。考えると恐ろしいですが（笑）。

しかし、夫婦で経営をしていると、トラブルから立ち直るスピードがとても速くなるように思っています。自分だけで経営していた時は、トラブルや不都合なことがあるたびにずっと一人でクヨクヨしていたように思います。子供にも落ち込んでいる父親の姿など見せたくないので、家でもカラ元気を出さなければならず、とても疲れていました。正直なところ、職場でも家庭でも心の休まる場所がありませんでした。

しかし、今は、晩御飯を食べながら悩み事を妻に話すと、食事が終わったころには悩み事は知らないうちになくなっており、

「ま、いいか！　また明日から頑張ろう！」

という気持ちになっています。

昔は一人で一晩中考え続けて、それでも結論が出なかったことが、今では食事中のわずか30

分程度で解決します。

以前はこんな感じではありませんでした。自分を決して変えることなく、むしろ妻を変えようと責め続けました。そしてお互いにぶつかり合っていました。10年以上の長い年月をかけて、今の関係にたどり着きました。

紆余曲折ありましたが、妻は私にとって家庭でも職場でも最も信頼のできる、最高のパートナーだと思っています。私たち夫婦はこれからもまだ10年、20年、30年と成長していかなければならないと思っています。

私たちの稚拙な今までの経験が読者のみなさまにとってほんの少しでもお役に立てればとても嬉しく思います。

【著者紹介】

鶴田　幸之（つるだ　こうじ）

1968年生まれ。早稲田大学社会科学部卒。

福岡の大手会計事務所の医療機関専門の税務スタッフとして５年間勤務の後、2008年医院専門の税理士事務所を開業。妻が2019年の税理士試験に合格し、現在税理士二人体制となる。2021年２月にメディカルサポート税理士法人に組織変更。

【企画協力】

インプルーブ　小山睦男

イラスト：茂垣志乙里

成功する開業医

院長夫人、あなたが期待されていること

2021年10月１日　第１版第１刷発行

著　者　鶴　田　幸　之

発行者　山　本　継

発行所　㈱中央経済社

発売元　㈱中央経済グループパブリッシング

〒101-0051　東京都千代田区神田神保町1-31-2

電話　03（3293）3371（編集代表）

03（3293）3381（営業代表）

https://www.chuokeizai.co.jp

印刷／三英印刷㈱

製本／誠製本㈱

ISBN978-4-502-39991-6　C3034